VIETNAM

terra magica®

SAIGONTOURIST
REX

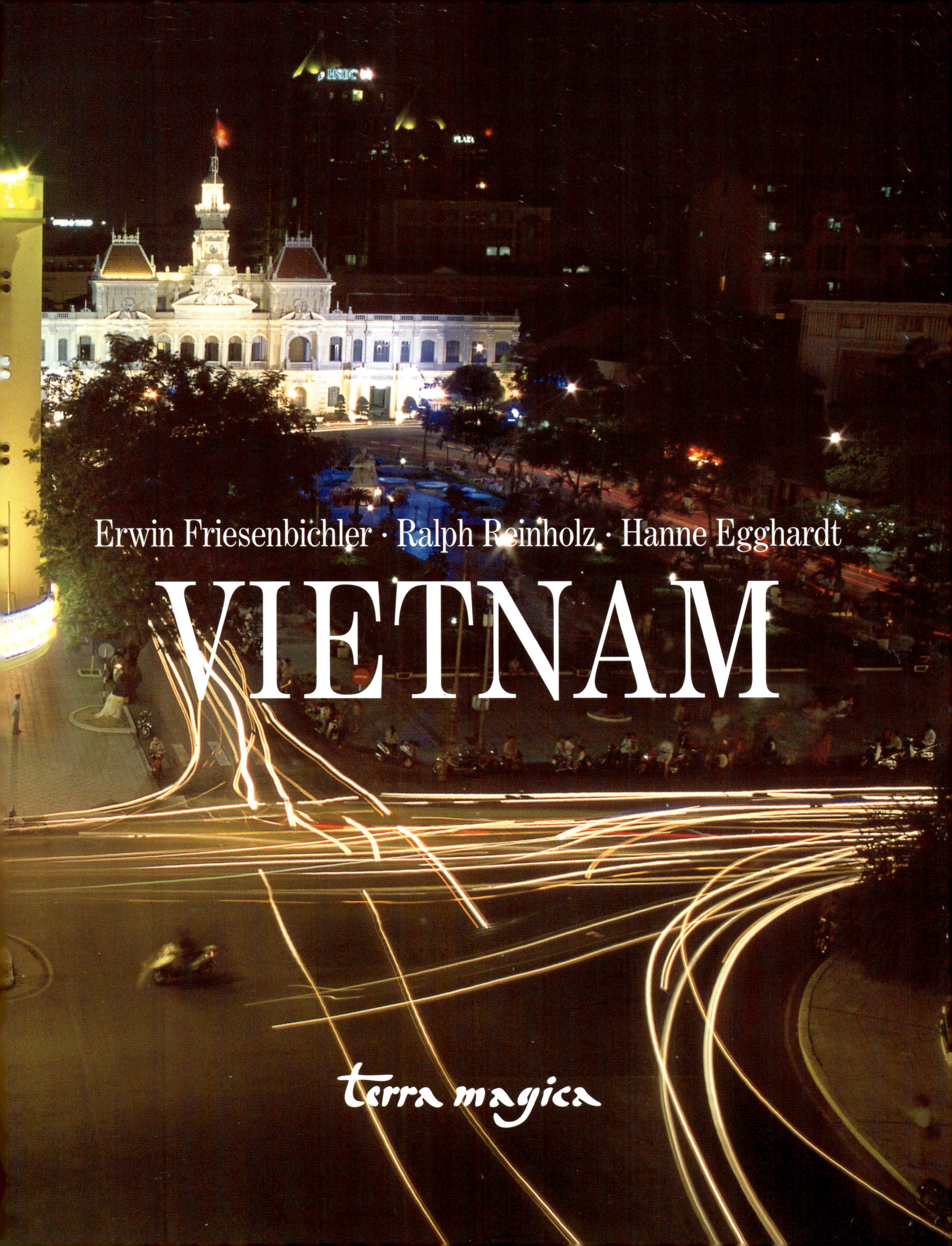

Erwin Friesenbichler · Ralph Reinholz · Hanne Egghardt

VIETNAM

terra magica

INHALT

GOOD MORNING, VIETNAM

Vorwärts schauen und nur ja nicht zurück: Vietnam zählte lange zu den Ländern dieser Erde, die von Krieg und Hunger am schlimmsten betroffen waren. Sein Name ist unvermeidlich mit Bildern von Napalmangriffen und entlaubten Wäldern verbunden, er galt lange als Synonym für eine tropische Kriegshölle, für Zerstörung und Leid. Jetzt endlich verblassen die Schatten der Vergangenheit. »Vietnam ist ein Land, kein Krieg«, ist der Satz, der am liebsten zitiert wird. Und nicht nur das. Das lang gestreckte Land am Südchinesischen Meer befindet sich im totalen Aufbruch.

60 Prozent der Bevölkerung sind nach 1975, also nach dem Vietnamkrieg geboren. Die Generation der heute jungen Vietnamesen hat diesen Krieg nicht mehr erlebt, seine furchtbaren Details und Schauplätze spielen im Alltag keine Rolle mehr. Dass sie im Bewusstsein des Westens nahezu stärker präsent sind als im betroffenen Land selbst, hat mit einer Reihe von Hollywood-Filmen zu tun, mit *Platoon, Apocalypse Now, Die durch die Hölle gehen, Geboren am 4. Juli, Coming Home* oder *Full Metal Jacket.*

Diese vermutlich erste Generation, die das Land in Frieden erlebt, sorgt dafür, dass es endlich aus seinem grauenhaften Alptraum erwacht und zu neuem Leben entschlossen ist. So erhält der Titel eines der besten Hollywood-Filme über den Vietnam-Krieg einen neuen Sinn: *Good Morning, Vietnam.*

Das Pro-Kopf-Einkommen lag im Jahr 2007 bei geschätzten 730 US-$, damit zählt Vietnam zwar nach wie vor zu den ärmsten Ländern der Erde, von Depression ist aber kaum etwas zu spüren. Ganz im Gegenteil: Die Grundstimmung drückt besonders in den Städten einen starken Überlebenswillen, Dynamik, Optimismus und Zukunftsorientiertheit aus. Und das nicht zu Unrecht, das reale Wirtschaftswachstum liegt zwischen acht und zehn Prozent. Das macht Vietnam zu einer der am schnellsten wachsenden Volkswirtschaften der Welt, so dass bis zum Jahr 2010 die 1000-$-Einkommensmarke überschritten werden dürfte.

Für das über Jahrhunderte von ausländischen Truppen und Kolonialmächten gepeinigte Vietnam war es bestimmt nicht einfach, ausländisches Kapital und ausländische Ideologien zu akzeptieren. Die positiven Auswirkungen von beidem sind aber unübersehbar. Nach der langen wirtschaftlichen Depression als Folge der kommunistischen Planwirtschaft erleben die großen Städte einen regelrechten Bauboom. Vor allem in Ho-Chi-Minh-Stadt schießen neue, funkelnde Bürotürme aus Glas und Stahl förmlich aus dem Boden.

Neuerdings profitiert das Land auch stark von der Globalisierung. 2006 wurde mit 40 Mrd. US-$ ein neuer Exportrekord erzielt. Vor allem die Ausfuhren von Textilien und Bekleidung in die USA konnten drastisch erhöht werden. Bei den Schuhimporten

Deutschlands rangierte im ersten Halbjahr 2005 Vietnam bereits auf Platz zwei hinter China.

Das Land zwischen den Drachenbergen im Norden und dem Mekong-Delta im Süden hat sich außerdem dem Tourismus geöffnet. Pro Jahr kommen bereits zwei Millionen Gäste ins Land. Die Besucher erwarten quirlige Städte, bezaubernde Landschaften, fast menschenleere Traumstrände und grüne Reisfelder, alte Kultur und moderne Aufgeschlossenheit. Sie besuchen Orte, deren Namen schon reine Poesie sind: den Wolkenpass, die Duftpagode, den Parfümfluss und die Purpurstadt.

Was auf der Reise durch Vietnam außer den malerischen Bildern aber am meisten fasziniert, sind die Menschen. Kein Volk hätte mehr Grund als die Vietnamesen, allem Ausländischen und Fremden skeptisch gegenüberzustehen – im Laufe der Jahrhunderte haben sie ihnen nie Gutes gebracht. Das Gegenteil aber ist der Fall: Wo immer Touristen mit Einheimischen zusammentreffen, werden sie von ihnen herzlich und freundlich aufgenommen. Kinder winken europäischen *Langnasen* fröhlich zu, und vorbeifahrende Rad- oder Mopedfahrer grüßen spontan. Und dass viele Vietnamesen auf Grund ihrer Aufenthalte in der ehemaligen DDR oft auch noch hervorragend Deutsch sprechen, sorgt immer wieder für Überraschungen bei vielen Besuchern aus Westdeutschland, Österreich und der Deutschweiz.

EIN BAMBUSROHR UND ZWEI REISKÖRBE

1600 Kilometer lang, aber nur zwischen 60 und 600 Kilometer breit, so erstreckt sich Vietnam an der Ostküste der südostasiatischen Halbinsel von Norden nach Süden, mit Gebirgsketten, Küstenebenen und riesigen Flussdeltas. Auf der Landkarte betrachtet, wirkt das zwischen dem nördlichen Wendekreis und dem 8. Breitengrad liegende Land, dessen Ausdehnung in etwa der Strecke Hamburg–Athen entspricht, wie ein S. Die Vietnamesen aber drücken es poetischer aus: *ein Bambusrohr mit einem Korb voll Reis an jedem Ende.*

Die beiden Reiskörbe stellen auch die zwei landwirtschaftlichen Hauptanbauflächen des Landes dar: das 15 000 Quadratkilometer große Delta des Roten Flusses (Song Hong) am Golf von Tonkin im Norden und das 40 000 Quadratkilometer große Mekong-Delta im Süden. Beides fruchtbare Schwemmlandebenen, in denen Reis und eine nahezu paradiesische Vielfalt unterschiedlicher Gemüse und Früchte gedeiht.

Der Rote Fluss entspringt im Süden Chinas, in der Provinz Yunnan. Seinen Namen verdankt er den Sedimenten, die er auf seinem langen Weg zum Meer mit sich führt und auch ablagert. Das führt dazu, dass sein Bett ständig ansteigt. Um ihn in die richtigen Bahnen lenken zu können, müssen daher immer wieder Deichanlagen gebaut werden. Dabei hat sich im Laufe der Jahrhunderte immer wieder gezeigt, dass der Rote Fluss zwar zu den segensreichsten, aber auch zu den gefährlichsten Flüssen Asiens zählt.

Allein zwischen 1890 und 1926 gab es 16 Dammbrüche mit verheerenden Überschwemmungen, 1927–1945 waren es sogar sieben. Der Mekong im Süden ist zumindest in dieser Beziehung weniger problematisch. Der in Tibet entspringende *Schicksalsfluss Asiens*, mit rund 4100 Kilometern einer der längsten des Kontinents, verzweigt sich in seinem Delta in neun riesige Arme, die Vietnamesen nennen ihn daher *Fluss der neun Drachen*. Führt der Mekong zu viel Wasser, kehrt er seine Fließrichtung um und ergießt sich in den Tonle Sap See in Kambodscha. Katastrophale Überflutungen gibt es im Mekong Delta trotzdem immer wieder, aber dafür sind die Taifune verantwortlich.

Drei Viertel des Landes, das mit seiner Fläche von 331114 Quadratkilometern fast so groß ist wie Deutschland, sind gebirgig und hügelig. Die zerklüfteten Bergketten im Norden an der 1150 Kilometer langen Landesgrenze zu China erreichen Höhen über 3000 Meter. Dort liegt auch der mit 3143 Metern höchste Berg Vietnams, der Fan Si Pan. Die Mitte des Landes bilden die Ebenen zwischen der dünen- und lagunenreichen Küste und den Hochplateaus der Truong-Son-Berge. Das Bindeglied zwischen Nord- und Südvietnam stellt weiter südlich der von fruchtbarkeitsfördernden Niederschlägen verwöhnte Annamitische Gebirgszug dar, in dessen Hochland sich dichte Wälder befinden. Hier liegen auch die wichtigsten Anbaugebiete für Tee, Kaffee und Kautschuk. Im Westen Zentralvietnams verläuft die Grenze zwischen den beiden großen Nachbarn Laos und Kambodscha.

Die Küste Vietnams ist mit 3444 Kilometern immens lang. Abgesehen davon, dass sie Traumstrände besitzt, die erst nach und nach für den Tourismus entdeckt werden, stellt

sie auch einen starken wirtschaftlichen Faktor dar. Für rund acht Millionen Menschen ist die Fischerei die einzige Einnahmequelle. Die vietnamesische Fischereiflotte hat sich in den letzten Jahren rasant entwickelt, die Meereserzeugnisse werden entweder im Land selbst konsumiert oder sie werden exportiert. Schon jetzt nimmt die Ausfuhr von Fisch und Fischereiprodukten Platz zwei der Exportgüter des Landes ein, die Tendenz ist steigend. Diese Entwicklung hat bereits internationale Organisationen auf den Plan gerufen, denn dass die Ausschöpfung bereits an ihre Grenzen stößt, ist unübersehbar.

Die Vielfalt der Landschaft und die extreme Nord-Süd-Ausdehnung – Hanoi liegt auf dem gleichen Breitengrad, der südlich von Kairo verläuft, Saigon auf dem gleichen Breitengrad, der nördlich der nigerianischen Hauptstadt Lagos verläuft – bedingen, dass sich Vietnam über zwei Klimazonen ausdehnt: Im Norden herrscht subtropisches, im Süden tropisches Klima. Das bedeutet für den Norden heiße, feuchte Sommer und milde Winter mit wochenlangem Nieselregen. Hanoi zum Beispiel verzeichnet im Januar 17 und im Juli 29 Grad als Durchschnittstemperatur. Im nördlichen Bergland kann es im Winter auch frostig werden, besonders, wenn eisige Winde aus Zentralasien über die Bergketten fegen. Der 500 Meter hohe Wolkenpass in Zentralvietnam bildet eine wichtige Wetterscheide. Südlich des Passes herrscht zu allen Jahreszeiten tropisches Klima. Der zweimal im Jahr die Richtung wechselnde Monsun ist für heftige Regenfälle verantwortlich und die Durchschnittstemperaturen liegen bei 25–30 Grad. Im August und September wüten oft Taifune, tropische Wirbelstürme, die große Mengen Niederschlag bringen.

ÜBER MONSUNE UND TAIFUNE

Text von Annaliese Wulf

Monsun, von dem arabischen Wort mausin (Jahreszeit) abgeleitet, tritt in Süd-, Südost- und Ostasien auf. Seine Entstehung beruht auf einem physikalischen Gesetz, wonach sich Erde schneller erwärmt als Wasser und sich auch schneller abkühlt. Im Sommer erwärmt sich daher die asiatische Landmasse früher als der Indische Ozean. Die kühlere Luft über dem Wasser wird durch die wärmere Landmasse angesogen. Die daraus entstehende Luftströmung, der Südost-Passat, weht nach Nordwesten. In der Nähe des Äquators wird er in Uhrzeigerrichtung nach Nordosten abgelenkt. Die Wolken nehmen über dem Indischen Ozean Feuchtigkeit auf und regnen an den Rändern Asiens ab. Im Winter wird die kalte Luft über Nordostasien – Sibirien ist die kälteste Landzone der Erde – von den wärmeren Luftmassen über dem Pazifischen Ozean angesogen. Durch die Erdbewegung wird der Wind in Uhrzeigerrichtung nach Süden und Südwesten abgelenkt und erreicht Süd- und Südostasien als Nordost-Monsun, der die Trockenzeit bringt. Nur wenn er über dem Meer Feuchtigkeit aufnehmen kann, wie auf dem Weg nach Vietnam, fallen leichte Winterregen.
Sturm und Regenfälle sind in den verschiedenen Regionen Asiens von unterschiedlicher Regelmäßigkeit und Intensität. Aber auch in demselben Gebiet variieren Stärke und Länge der Monsune von Jahr zu Jahr. Bleiben sie aus, drohen Dürrekatastrophen. Die Bauern Asien richten Aussaat und Ernte nach dem Ablauf der Monsune. An der Küste Vietnams treffen sich Monsune, Taifune und tropische Depressionen und führen zu extremen Klimaverhältnissen.
Wenn Radio und Fernsehen einen starken Taifun voraussagen, der sich auf Nord- und Zentralvietnam zudreht, wissen Bauern und Städter, dass das Leben für 24 Stunden erlahmt. Die Wirbelstürme und Regenmassen verursachen Schäden an Ernte, Hab und Gut und können Menschenleben kosten. Telefonmasten und Kokospalmen knicken wie Streichhölzer, Dächer werden davongetragen, Häuser stürzen ein, Bäume werden entwurzelt und die Ernte durch die Regenmassen vernichtet. Deiche können überflutet werden und brechen. Die Wassermassen überschwemmen auch die Straßen der Hauptstadt Hanoi und dringen in die Häuser ein. Fische werden über die Deiche gespült und können mit bloßer Hand gefangen werden.
Taifune entstehen über der tiefsten Stelle des Pazifischen Ozeans, dem Graben von Guam. Im Spätsommer und Herbst bilden sich Wirbelwinde, die häufig schon auf den Philippinen oder über dem Ozean enden. Andere nehmen auf ihrem Weg zum asiatischen Festland an Stärke zu. Mit rasenden Geschwindigkeiten bis zu 200 km/h treffen die ersten auf Bangladesch im Golf von Bengalen. Im Lauf des Jahres wenden sie sich weiter nach Osten, die letzten verheeren die chinesische Küste, die Insel Taiwan und Japan.

oben und Seiten 16/17 Riesige »Tempelkathedrale« in Long Hoa bei Tay Ninh (ca. 90 Kilometer nordwestlich von Saigon): Hauptsitz der Cao-Dai-Religionsgemeinschaft – eine Mischung aus Buddhismus, Konfuzionismus, Taoismus, Christentum und Islam

SCHWINDENDE WÄLDER – SCHWINDENDE FAUNA

Bis zur Mitte des vorigen Jahrhunderts waren noch über zwei Drittel der vietnamesischen Landfläche von Wäldern bedeckt. Während des Vietnamkrieges hatten die Wälder unter dem Einsatz chemischer Kampfmittel zur Entlaubung und unter den Flächenbombardements schwer zu leiden, in den auf den Krieg folgenden Jahren kam es fast noch schlimmer. Brandrodung zur Gewinnung immer neuer Agrarflächen und vehemente Abholzung für den Export von Harthölzern haben schwere, kaum wieder gutzumachende Schäden angerichtet. Als Folge der fortschreitenden Bodenerosion kommt es daher in letzter Zeit vermehrt zu dramatischen Überschwemmungen.
Heute machen die Waldgebiete nur noch zwei Fünftel von Vietnam aus. Die tropischen Regenwälder reichen bis in eine Höhe von rund 1300 Meter, darüber gedeihen Monsunwälder und noch weiter oben Nadelwälder. In den Flussdeltas säumen dichte Mangrovenwälder die Flussarme.

Auch die Fauna Vietnams erlebt schwere Zeiten. Ganze Herden von Wasserbüffeln kamen im Vietnamkrieg ebenso um wie Tausende inzwischen selten gewordene Wildtiere. Im zentralen Hochland haben dennoch wilde Elefanten überlebt, und in den Dschungelgebieten Großkatzen wie Leoparden, Tiger und Zibetkatzen. Zu den Besonderheiten zählen auch Muntjaks (eine Hirschart), Schweinshirsche, Gaur (Wildrind, Bos gaurus) und Bantengs (Sundaochse, Bos javanicus). Primaten sind durch Javaneraffen, Rhesusaffen, Bärenmakaken und Schopfgibbons repräsentiert. Eine Besonderheit sind die zur Familie der Schlankaffen zählenden Languren. Von den weltweit 22 bekannten Arten dieser possierlichen Blätterfresser wurden allein in Vietnam zehn Arten festgestellt. Für die extrem vom Aussterben bedrohten Primaten wird seit 1993 mit Unterstützung deutscher Organisationen im Cuc-Phuong-Nationalpark eine Rettungs- und Zuchtstation betrieben.
An Reptilien ist Vietnam reich. Krokodile, Schlangen, Schildkröten, Geckos, Agamen (eine Echsenart) und Skinke, all diese Tiere finden in der feuchten Wärme optimale Bedingungen. Dass das Schicksal viele von ihnen in den Kochtopf und später als exotische Delikatesse auf den Tisch führt, ist eine Tatsache, mit der sich Vietnam-Reisende abfinden müssen. Für Schlangen jedenfalls gilt: je giftiger, desto stärker ihre Wirkung als Aphrodisiakum.

VIELFALT UNTER DEM STROHHUT

Auf den ersten Blick erscheint die Bevölkerung Vietnams ethnisch homogen – zumindest im Vergleich zu den anderen Ländern Südostasiens. Rund 90 Prozent zählen sich zu den früher als Annamiten bezeichneten Vietnamesen, den *Kinh*, sie betrachten sich als die angestammte Bevölkerung des Landes. Dass auch sie ethnisch gesehen irgendwann in uralten Zeiten aus einer Mischung verschiedenster Völker hervorgegangen sind, ist kein Thema.
Ethnologische Forschungen hingegen haben in jüngster Vergangenheit ergeben, dass die Bauern, die mit ihren kegelförmigen Strohhüten am Kopf in den großen Flussdeltas Reis anbauen ebenso wie die Städter ursprünglich aus dem Süden Chinas und den Hochebenen Zentralasiens gekommen sein müssen, und dass sie sich mit Zuwanderern von den Inseln des Südpazifik vermischt haben. Darauf weisen zahlreiche Traditionen, Riten und Gebräuche hin.
Nur rund sieben Millionen der vietnamesischen Bevölkerung gehören ethnischen Minderheiten an. Davon gibt es zwar bei weitem nicht so viele wie zum Beispiel in Burma oder Indonesien, es sind aber immerhin noch rund 53, darunter die Tay, die Nung, die Miao, die Yao und die Moi. Das Siedlungsgebiet eines Großteils der ethnischen Min-

derheiten sind die Gebirgsregionen des Landes, und im Süden – vor allem im Mekong-Delta – leben rund 650 000 Khmer. Obwohl die ethnischen Minderheiten kaum jemals separatistische Tendenzen zeigten, mussten sie lange Benachteiligungen hinnehmen. Erst nach und nach finden sie Anerkennung und können ihre Sitten und Gebräuche ungehindert praktizieren.

Vorwiegend in den Städten des Südens lebt rund eine Million ethnischer Chinesen. Ihnen gegenüber verhalten sich die Vietnamesen ambivalent. Nach der Machtübernahme durch die Kommunisten waren sie als Vertreter des kapitalistischen Wirtschaftssystems unerwünscht. In den späten 1970er Jahren, während des Konflikts mit China, wurden viele von ihnen des Landes verwiesen, damals gab es eine regelrechte Auswanderungswelle. Und in den späten 1980er Jahren waren es dann doch wieder die Chinesen, die die Wirtschaft Vietnams in Schwung brachten. Die meisten von ihnen leben zurzeit in Cholon, dem chinesischen Viertel von Ho-Chi-Minh-Stadt.

Wer in Hanoi oder Ho-Chi-Minh-Stadt im Stau steckt, kann es kaum glauben, aber es stimmt: Nur rund 20 Prozent der Vietnamesen sind Städter. Die auf Nassreisanbau basierende Landwirtschaft macht die Vietnamesen zu ausgesprochenen Tieflandbewohnern, die am stärksten besiedelten Teile des Landes sind daher die Delta- und Küstenregionen. Während im Delta des Roten Flusses und des Mekong die Bevölkerungsdichte über 1000 Einwohner pro Quadratmeter beträgt, sind die Bergregionen vergleichsweise nahezu menschenleer.

Der kommunistischen Regierung verdankt Vietnam sein gut ausgebautes Bildungssystem. Es gilt allgemein eine zehnjährige Schulpflicht. Das Resultat ist, dass 94 Prozent der Bevölkerung Lesen und Schreiben können, der Anteil der Analphabeten beträgt lediglich noch sechs Prozent (2007). Auch für höhere Bildung gibt es gute Möglichkeiten. Wer auf Hochschulebene studieren will, kann unter über 100 Bildungsanstalten wählen, darunter drei Universitäten.

RELIGIONEN – BUNT GEMISCHT

Marx und Lenin statt Buddha und Konfuzius: Wer Vietnam nicht selbst erlebt hat, könnte annehmen, in diesem noch kommunistischen Land müssten die Menschen eigentlich Atheisten sein. Das aber wäre ein gewaltiger Irrtum. Auf eigenartige und wahrscheinlich nur in diesem Land mögliche Art sind in Vietnam im Laufe der Zeit Religionen, Glaubensrichtungen und Ideologien ineinander übergegangen und miteinander verschmolzen.

Heute zählen sich rund 70 Prozent der Vietnamesen dem Buddhismus zugehörig. Der reine, auf Siddharta Gautama basierende Buddhismus Indiens, kommt in Vietnam aber

Beten bei einem Tempelchen · Beten in der Pagode Dien Huu, Hanoi · Altar in der Pagode Vinh Trang, My Tho (Mekong-Delta)

so gut wie nicht vor, er ist immer mit Elementen anderer Glaubenswelten kombiniert. So kommt es, dass die Vietnamesen eine bunte Mischung aus Buddhismus, Konfuzianismus, Ahnenkult, Animismus und Daoismus praktizieren. Dass ein eifriges Mitglied der kommunistischen Partei sich ehrfürchtig vor Buddha verneigt, ist keine Seltenheit. Ebenso wenig, dass sich in vielen buddhistischen Tempeln auch gleich Andachtsstellen für daoistische Gottheiten, für die Nationalhelden des Landes oder für animistische Kultgegenstände finden.

In dem Mix aus vietnamesischen Glaubenswelten sind zahlreiche große Religionen enthalten. Einen hohen Stellenwert hat der Konfuzianismus als eine Art Anleitung zum richtigen Leben. Der Ahnenkult bildet eine wichtige Basis des spirituellen Lebens. In praktisch jedem Haushalt gibt es einen Ahnenaltar mit Opfergaben wie Räucherstäbchen, Obst oder gar Schnaps für die Ahnen. Dass man sie verehrt, zu ihnen betet und sie bei Bedarf um Rat fragt, ist fixer Bestandteil des Alltags. Der Animismus beruht im Wesentlichen in dem Glauben, dass die Natur beseelt ist und in logischer Folge Geister und Dämonen die Geschehnisse im alltäglichen Leben oder im Schicksal lenken. Je nachdem, ob die Auswirkungen auf den Menschen positiv oder negativ sind, agieren die Geister wohlwollend oder böse. Also gilt es, sie freundlich zu stimmen und zu besänftigen, wenn es sein muss, sogar durch Bestechung. Sollte sich ein Geist nicht wunschgemäß verhalten, kann es ihm übrigens blühen, dass er verstoßen oder ersatzlos durch einen anderen ersetzt wird. Im Daoismus sind, anders als im Konfuzianis-

mus, nicht die Menschen, sondern die Kräfte der Natur, Yin und Yang, von größter Wichtigkeit. Dämonenbeschwörung, Magie und Astrologie sind wichtige Bestandteile dieser Religion.
Mit fünf Millionen ist die Zahl der Katholiken verhältnismäßig hoch. Den christlichen Glauben haben erstmals Seefahrer im 16. Jahrhundert und später dann portugiesische Jesuiten ins Land gebracht, die erste katholische Missionen gründeten. Als einer der wichtigsten Missionare hielt sich der Franzose Alexandre de Rhodes (1591–1660) in Vietnam auf. Er latinisierte die vietnamesische Schrift – die heute mit den zahlreichen diakritischen Zeichen gebräuchliche Schrift ist sein Werk. In der Zeit der französischen Kolonialmacht verbreitete sich der christliche Glaube dann rasant.
Den Islam brachten vor allem die muslimischen Inder (damals gehörten die Gebiete der heutigen – muslimischen – Länder Pakistan und Bangladesch zu Indien), die von den Franzosen ins Land geholt worden waren. Als die meisten dieser Inder das Land 1975 verließen, verschwand auch ihre Religion weitgehend, dem Islam gehört heute praktisch nur noch die Minderheit der Cham an. Eine Besonderheit ist die Lehre des Cao Dai, der rund 1,5 Millionen Menschen angehören. Um 1920 von dem Spiritisten Ngo Van Chieu entwickelt, vereinigt sie alle westlichen und östlichen Religionen. Als Heilige werden Jesus Christus ebenso wie Buddha, Victor Hugo und Winston Churchill verehrt.
Das Nebeneinander verschiedener Glaubensrichtungen hat in Vietnam Tradition. Glaubenskriege wie in Europa hat es in historischen Zeiten nie gegeben, ebenso wenig Verfolgung oder Unterdrückung Andersgläubiger. In jüngster Vergangenheit allerdings änderte sich die Situation. Nach der Teilung des Landes 1954 spaltete sich das Land auch in religiöser Hinsicht. Das von den Amerikanern unterstützte Südvietnam unter Präsident Diem war katholisch, viele Buddhisten aber engagierten sich in der kommunistischen Befreiungsbewegung Viet Minh. Propaganda mit dem Inhalt, die Kommunisten würden die Christen verfolgen und unterdrücken, führte dazu, dass eine Million Katholiken aus Nord- nach Südvietnam flüchtete.
Als Präsident Diem den Versuch unternahm, den Katholizismus als Staatsreligion zu etablieren, wurden die buddhistischen Mönche aktiv. Es kam zu vehementen Protestaktionen und sogar zu Selbstverbrennungen. Präsident Diem ließ auf Buddhisten schießen. Nach der Machtübernahme durch die Kommunisten schlug das Pendel dann auf die andere Seite aus. Jetzt wurden restriktive Maßnahmen gegen die Katholiken ergriffen, die antikommunistischer Aktivitäten verdächtigt wurden. Zu dieser Zeit wurden in Südvietnam alle Schulen verstaatlicht, in Nordvietnam war das schon ab 1945 geschehen. Seit 1976 herrscht in Vietnam zwar Religionsfreiheit, der Staat kontrolliert und zensiert aber kräftig, und Religionsgemeinschaften sind politische und soziale Aktivitäten untersagt.

GESCHICHTE – VON BLUTROTEM FADEN DURCHZOGEN

Der rote Faden, der sich durch die Geschichte Vietnams zieht, ist nicht hell- und nicht dunkelrot, er ist blutrot. Fest und unerbittlich ist er zwischen zwei Eckpfeiler gespannt: die Invasion einer fremden Macht und den darauf folgenden Befreiungskampf. Immer und immer wieder. Das Resultat: Kaum ein anderes Land hat so viel an Fremdherrschaft, Unterdrückung, Vernichtung und Erniedrigung erlebt wie Vietnam.

Die Wurzeln der Geschichte Vietnams verästeln sich in der schummrigen Dunkelheit eines Geflechtes aus Legenden und Sagen. Sie drehen sich um ein Reich der Mitte im Herzen Asiens, in dem neben zahlreichen anderen zwei Völker leben, die Han und die Viet, geübte Jäger und Krieger die einen, friedliche Bauern die anderen. Während die Han ein einheitliches Volk sind, setzen sich die Viet aus hundert verschiedenen Stämmen zusammen, ihre Fürsten betrachten sich als Herrscher über das Gebiet der Fünf Berge. Als die Han gewaltsam in dieses Gebiet eindringen und es erobern, müssen die Viet nach Süden flüchten.

Das weitere Schicksal des Volkes ist der Legende nach mit einem Königspaar verknüpft: mit Lac Long Quan und seiner schönen Frau Au Co. Sie haben hundert Söhne, aus denen später die Bach Viet, die *Hundert Viet* hervorgehen. Weil aber der König dem Geschlecht der Drachen, die Königin aber dem Geschlecht der Unsterblichen angehören, und sie daher nicht friedlich miteinander leben können, trennen sie sich. Die Mutter zieht mit der einen Hälfte der Kinder zurück ins Gebirge, der Vater mit der anderen Hälfte an die Ufer des Südmeeres.

Wie ein Stern in finsterer Nacht leuchtet eine Jahreszahl aus dem Dunkel der vietnamesischen Geschichte: 2879 v. Chr. Wissenschaftliche Beweise fehlen zwar, der Überlieferung nach wird in diesem Jahr aber der älteste der 100 Söhne, Hung Vuong, zum König gekrönt. Das ist der Beginn der Herrschaft der Hong Bang Dynastie, die mit insgesamt nur 18 aufeinander folgenden Königen bis ins 3. Jh. v. Chr. über das Land Van Lang herrscht, das in etwa das Gebiet des späteren Nordvietnam umfasst.

DER GEIST DER BERGE UND DER GEIST DER GEWÄSSER BUHLEN UM DIE SCHÖNE KÖNIGSTOCHTER

Der letzte dieser Könige hat eine besonders schöne Tochter. König Thuc hält um ihre Hand an, aber auch Son Tinh, der Geist der Berge, und Thuy Tinh, der Geist der Ge-

oben und Seiten 24/25 Wasserpuppenspiele gibt es nur im Norden Vietnams und sonst nirgends aus der Welt. Sie sind wohl weit über tausend Jahre alt und behandeln Motive aus dem Alltagsleben und Legenden der alten Geschichte

wässer. Der König hat eine schwere Entscheidung zu treffen. Vor dem König von Thuc hat er Angst, und den beiden anderen lässt er sagen, wer zuerst mit einem rituellen Geschenk bei ihm eintreffe, der solle seine Tochter bekommen. Son Tinh erscheint als erster, seine Geschenke sind kostbar, also gibt ihm der König seine Tochter zur Frau und das junge Paar zieht glücklich auf den Berg Tan Vien. Der abgewiesene Bewerber Thuy Tinh aber kann die Niederlage nicht verschmerzen. Er entsendet seine Wassermassen, um den Gegner zu vernichten. Dieser aber schickt Blitze von seinen Bergen herab, um die Fluten zurückzuschlagen. Der Streit ist bis heute nicht beigelegt. Jedes Jahr um die gleiche Zeit rauschen Wassermassen auf die Berge Vietnams nieder und sausen Blitze vom Himmel.

Auch König Thuc nimmt die Zurückweisung nicht ohne weiteres hin, er gibt seinen Hass auf das Land Van Lang sogar an seine Nachkommen weiter. Und so endet die Dynastie der Hong Bang, als ihr letzter König betrunken schläft, Thuc-Truppen das Stadttor stürmen und sich der Hong-Bang-König in einen Brunnen stürzt. Der Sieger aber vereinigt im Jahr 257 v. Chr. sein Reich mit Van Lang. Im Delta des Roten Flusses entsteht als erster Staatenverband das Königreich Au Lac, das von den Thuc-Königen regiert wird. Bis zum Jahr 207 v. Chr. Dann wird es von dem Chinesen Trieu Da erobert. Dieser proklamiert sich im Jahr 183 v. Chr. zum König des unabhängigen Reiches Nam Viet, das auch Teile Südchinas umfasst, nicht aber den Süden des heutigen Vietnam. Dort begründen im 2. Jh. v. Chr. die Cham, ein malaiisch-polynesisches Volk, das stark vom Hinduismus beeinflusst ist, das Reich Champa.
China erlebt zu dieser Zeit eine Ära des Imperialismus, als in Nam Viet Aufstände und Unruhe herrschen, zögert Kaiser Wu Ti aus der Han-Dynastie keinen Augenblick, das Land an sich zu reißen. Ab dem Jahr 111 v. Chr. ist es die chinesische Provinz Giao Chi. Und so soll es für rund tausend Jahre bleiben.
Zu Beginn der Besatzung von Nam Viet strebt China keine großen Veränderungen an, die regionalen Einrichtungen bleiben. Nach und nach kommen aber riesige Ströme von Kolonisten ins Land, die sowohl die chinesische Sprache, als auch chinesisches Kulturgut verbreiten. Zahlreiche chinesische Schulen werden errichtet, Chinesisch wird Amtssprache, es wird schlicht und einfach Assimilationspolitik betrieben – die Zuwanderer assimilieren die Einheimischen.
Der Adel sieht diese Entwicklung ungern. Und als sich die chinesischen Gouverneure immer mehr Rechte heraus nehmen und noch dazu wertvolle Ländereien für chinesische Kolonisten requirieren, ist es zu viel. Die Schwestern Tranc und Nhi Trung stürmen 40 n. Chr. die Residenz des Kommandanten von Lien Lau. Der Großteil des Adels schließt sich an, bald werden 65 Festungen erobert und die Schwestern rufen sich zu Königinnen aus. Auf lange Sicht aber erweisen sich die Chinesen als stärker. Nach drei Jahren können sie den Sieg für sich verbuchen. Die beiden Schwestern Trung ertränken sich im Roten Fluss. Der Tag ihres Todes gilt auch heute noch als Symbol des vietnamesischen Widerstandes gegen ausländische Herrschaft.
Gegen Ende des 9. Jh. herrschen in China Chaos und Anarchie. Die Tang-Dynastie befindet sich im Niedergang, die Bevölkerung leidet Not und Hunger. All das löst im Jahr 874 einen Bauernaufstand aus, in dessen Verlauf weite Teile Chinas zerstört werden. Im Jahr 902 zerfällt das Reich im Süden in sieben Königreiche. Die chinesischen Statthalter Vietnams nützen den Machtverlust dazu, das Volk noch mehr zu unterdrücken. Je größer ihre Machtgier wird, desto mehr Widerstand regt sich aber. Im Jahr 906 vertreiben die Vietnamesen den chinesischen Gouverneur. Was folgt, sind Jahre des erbitterten Widerstandes gegen die chinesische Besatzung.

CHINESENFLOTTE VERSENKT – KUBLAI KHANS HEERE GESCHLAGEN

Den entscheidenden Sieg erringen die Freiheitskämpfer im Jahr 939 in der Schlacht von Bach Dang, und zwar dank einer Kriegslist. Die Chinesen liegen mit ihrer Flotte vor der Küste nahe der Mündung des Flusses. Die Vietnamesen nähern sich ihnen mit leichten Schiffen und provozieren so ihre Verfolgung. Als die Flut fällt, schnappt die Falle zu: Die chinesischen Schiffe laufen auf die eisernen Spitzen von Holzpfählen auf, die von den Vietnamesen heimlich im Meer angebracht worden waren. Die Hälfte der chinesischen Flotte sinkt, die Chinesen ziehen sich zurück. Der siegreiche General Ngo Quyen begründet die erste vietnamesische Dynastie. Das Jahr 939 geht als Jahr der Befreiung von der fast tausend Jahre dauernden chinesischen Fremdherrschaft in die Geschichte ein.

Lang anhaltender Friede ist Vietnam trotzdem nicht beschieden. Ngo Quyen hat jahrelang gegen die Aufstände regionaler Fürstentümer zu kämpfen, und von Norden her droht erneut Gefahr von China. Erst gegen Ende des Jahrhunderts gelingt es Dinh Bo Linh, dem *ersten erhabenen Kaiser Dinh*, Ruhe zu schaffen. Er vereint das Land unter dem Namen Dai Co Viet und schließt mit China einen Vertrag: Vietnam zahlt ab nun alle drei Jahre Tribut, und so bleibt es über Jahrhunderte. Sein Nachfolger Le Dai Hanh bringt im Jahr 982 auch den Süden des Landes unter seine Kontrolle, das Königreich Champa, das in den vergangenen 500 Jahren eine wirtschaftliche und kulturelle Blüte erlebt (siehe Kapitel *Die Cham – ihre Reiche und ihre Kultur*).

Eine erste Hochblüte erlebt Vietnam in den 200 Jahren der Ly-Dynastie. Ihr erster Monarch, Ly Thai To, verlegt die Hauptstadt seines Reiches nach Thang Long, heute Hanoi. Die Zeit zwischen 1009 bis 1225 ist auch die Ära des erstarkenden Buddhismus. Der Glaube ist schon um das Jahr 200 aus Indien nach Vietnam gekommen. Jetzt arrangieren sich die Herrscher mit seinen hohen Vertretern. Sie räumen ihnen ein Mitspracherecht ein, fördern sie durch Gründung zahlreicher Klöster und erwarten im Gegenzug, dass sie dafür sorgen, dass das Volk ruhig und unterwürfig ist.

Die folgenden Jahrhunderte werden von diversen Dynastien geprägt. Auf die Tran Dynastie (1225–1400), in der die mongolischen Reiterheere des Kublai Khan trotz erdrückender Übermacht erfolgreich geschlagen werden, folgt die Ho-Dynastie (1400–1428), in der die Chinesen erneut versuchen, Dai Viet unter ihre Kontrolle zu bringen, und dann die Späte Le-Dynastie (1428–1776), in der nicht nur Kultur und Geistesleben eine Hochblüte erleben, sondern die Chinesen auch vollständig zurückgedrängt und das Reich nach Süden hin ausgedehnt werden kann, indem Champa endgültig erobert wird. Im Verlauf des 16. Jh., als die Späte Le-Dynastie Verfallserscheinungen zeigt, gewinnen zwei Adelsgeschlechter an Macht, die Fürstenhäuser Trinh und Nguyen. Jahrzehn-

PASSING

BẤM LỖ TAI
Nghệ thuật

telang toben zwischen ihnen Machtkämpfe, das Land erlebt einen blutigen Bürgerkrieg, dann, 1672, wird seine Teilung beschlossen. Das politische Zentrum der Nguyen ist Hue, die Hauptstadt der Trinh ist Thang Long (Hanoi).

Wiedervereinigt wird das Land, zu dem inzwischen auch das von Kambodschanern bewohnte Mekong-Delta zählt, nach dem Tay-Son-Aufstand in der Nguyen-Dynastie (1802–1945). König Gia Long nennt das Reich, das jetzt von der chinesischen Grenze im Norden bis zur Insel Camau im Süden reicht und auch das ehemalige Reich Champa vollständig umfasst, Viet Nam, die neue Hauptstadt ist Hue. Schon bei der Niederschlagung des Tay-Son-Aufstandes und bei der Inthronisation des ersten Nguyen-Königs spielen die Franzosen eine nicht unbedeutende Rolle. Während sich das Reich immer weiter ausdehnt und bald auch Laos und Kambodscha unter seine Kontrolle bringt, wächst der Einfluss Frankreichs. Die Zeit der Kolonialherrschaften ist gekommen. Frankreich hat den Südosten Asiens, Indochina, im Visier. Das Schicksal nimmt seinen Lauf.

Im Jahr 1858 gehen französische Truppen in Tourane (Da Nang) an Land, dann geht es Schlag auf Schlag. 1859 erobern die Franzosen Gia Dinh (Saigon), 1882 Hanoi und die Gebiete im Delta des Roten Flusses, 1883 Tonkin und 1884 Mittelvietnam. 1885 schließlich ist Vietnam vollständig und restlos eine Kolonie Frankreichs.

Wie alle Kolonien erlebt auch dieses Land ein Wechselbad der Gefühle. Die Franzosen bauen zwar Verwaltung und Infrastruktur aus, sorgen für Verkehrswege, kurbeln die Wirtschaft durch die Gründung neuer Industriebetriebe an, sie beuten das Land aber auch nach Strich und Faden aus. Mit eiserner Hand sorgen sie dafür, dass die Reisproduktion steigt und aus dem Reisexport Gewinn geschlagen wird, sie legen Tee, Kaffee- und Kautschukplantagen an und fördern Bodenschätze.
Während sich das Königshaus den neuen Herren fügt, regt sich beim einfachen Volk Widerstand. Zu Beginn des 20. Jh. greift er auf die gebildete Intelligenz des Landes über, und um 1920 organisieren sich auch die ausgebeuteten Arbeiter der Fabriken und Plantagen. Als eine der wichtigsten Organisationen gründet Ho Chi Minh im Jahr 1925 die Liga der Revolutionären Jugend Vietnams. Fünf Jahre später, 1930, wird die Kommunistische Partei Vietnams begründet.
Die Kolonialherren beobachten diese Entwicklung misstrauisch. Es gelingt ihnen, zwei Aufstände niederzuschlagen, das Rad der Geschichte aber dreht sich weiter, nicht einmal Frankreich kann es stoppen. Unter der Führung von Ho Chi Minh gründen die Kommunisten im Jahr 1941 die Liga für die Unabhängigkeit Vietnams, Viet Minh. Die Liga erlebt rasanten Zulauf. Und das in einer politisch schweren Zeit, denn ein Jahr zuvor hat auch noch Japan Vietnam besetzt, seither hat es unter der sogenannten französisch-japanischen Doppelherrschaft zu leiden. Unterdrückung und Ausbeutung erreichen katastrophenartige Ausmaße. In den Jahren 1944/45 stirbt eine Million Vietnamesen während einer Hungersnot.

FRANKREICHS WATERLOO – DIESMAL IN VIETNAM

Umso größer sind die Begeisterung und der Zulauf, als die Viet Minh 1945 zum Augustaufstand aufruft. Schon wenige Tage nach der Kapitulation Japans hat die Befreiungsliga das ganze Land unter Kontrolle. Am 2. September 1945 proklamiert Ho Chi Minh in Hanoi vor Tausenden jubelnden Menschen die Demokratische Republik Vietnam (DRV). Frankreich aber gibt nicht auf. Es besetzt Saigon.
Im Januar 1946 erreicht die Viet Minh bei den ersten freien Wahlen eine überwältigende Mehrheit. Frankreich lenkt ein. Im französisch-vietnamesischen Abkommen vom 6. März 1946 erkennt es die Unabhängigkeit Vietnams an. Im Dezember aber gehen die französischen Behörden gewaltsam gegen Aufständische vor, man spricht von einer für wenige Wochen geplanten Polizeiaktion. Tatsächlich ist das der Beginn des acht Jahre dauernden, blutigen Ersten Indochinakrieges. Französische Truppen kämpfen erbittert gegen die von der Volksrepublik China geförderte, bestens organisierte Volksarmee der Viet Minh, die von den laotischen Befreiungskräften des Pathet Lao unterstützt wird.

Die Entscheidung fällt am 7. Mai 1954. Nach zweimonatigem Kampf bringt die Viet Minh das von den Franzosen zur Festung ausgebaute Dien Bien Phu zu Fall. Nicht einmal die angesichts des Interessenskonflikts zwischen Kommunismus und Kapitalismus großzügige Unterstützung der USA hat genützt. Die Ära der französischen Kolonialherrschaft in Asien ist zu Ende.

In Genf wird am 20. Juli 1954 das erste Indochina-Abkommen unterzeichnet. Laos, Kambodscha und Vietnam erlangen ihre Unabhängigkeit. Militärisch aber wird entschieden, dass die Streitkräfte der DRV und der Saigoner Regierung in zwei Zonen nördlich und südlich des 17. Breitegrades getrennt werden. Ein neuer Konflikt ist vorprogrammiert.

Offiziell soll diese Demarkationslinie nur bis zu den Wahlen bleiben, die dem Land im Jahr 1956 eine gemeinsame Regierung bringen soll. De facto aber wird sie zu einer dauerhaften Grenze. Und zu Wahlen im Süden kommt es nie. Aus Angst, Ho Chi Minh könnte sie gewinnen, setzen die USA alles daran, sie zu verhindern. Während im Nor-

den die mittlerweile von der Sowjetunion und der Volksrepublik China unterstützten Kommunisten regieren, sorgen die USA dafür, dass im Süden der Katholik und Kommunistenhasser Ngo Dinh Diem an die Macht kommt. Dieser verhindert die Wahlen.
Die kommunistische *Partei der Werktätigen Vietnams* beschließt 1960 die Befreiung Südvietnams und die Wiedervereinigung des Landes. Die *Nationale Front für die Befreiung Südvietnams* wird gegründet, FNL, von den Gegnern abschätzig *Vietcong* genannt. Das bestärkt die USA nur noch darin, Südvietnam als Bollwerk gegen den Kommunismus aufzubauen. Auch wenn es noch so schwierig ist, denn die Regierung in Saigon ist alles andere als stabil. Ngo Dih Diem zieht sich den Hass des Volkes zu, besonders, als er beginnt, die Buddhisten zu verfolgen und seine Soldaten sogar unter dem Vorwand, sie seien mit den Kommunisten im Bund, auf sie schießen lässt. Diem wird am 1. November 1963 von seinen eigenen Generälen ermordet. Was folgt, ist Chaos pur, und das führt dazu, dass die FNL auch in Südvietnam großen Zulauf hat.
Im Jahr 1964 kommt es im Golf von Tonkin zu einem Zwischenfall. Nordvietnamesische Kanonenschiffe nehmen einen amerikanischen Zerstörer unter Beschuss. Später wird dieser angebliche Angriff als Fälschung entlarvt, die USA greifen ab diesem Zeitpunkt aber selbst in den Konflikt ein. Am 4. August 1964 erfolgt der erste amerikanische Luftangriff auf Nordvietnam. Das ist der Startschuss für den acht Jahre dauernden Zweiten Indochinakrieg, einen der blutigsten und grausamsten der Menschheitsgeschichte.

HOCHGERÜSTETE SUPERMACHT SCHEITERT AN BAUERNKRIEGERN

In Spitzenzeiten sind über 500 000 amerikanische Soldaten in Vietnam im Einsatz. Amerikanische Flugzeuge lassen 7,5 Millionen Tonnen Bomben niederprasseln, viermal so viel wie im Zweiten Weltkrieg auf ganz Europa fielen. Der Einsatz von Napalm und Entlaubungsgift, GIs, die blindwütig vietnamesische Bauern abknallen, das Massaker von My Lai, der zähe und verbissene Kampf der Vietnamesen, all das erschüttert die Weltöffentlichkeit.
Zu einem Wendepunkt führt die Offensive der nordvietnamesischen Streitkräfte und der FNL Truppen zum Frühlingsfest 1968, dem Tet. Sechzig Städte werden massiv angegriffen, die alte Kaiserstadt Hue wird heiß umkämpft. Im Süden dringen die Kämpfer durch ein lange geheim vorbereitetes Tunnelsystem nach Saigon ein. Die amerikanischen Militärs müssen erkennen, dass sie es hier mit einem Gegner zu tun haben, dem weder durch Bombenteppiche, noch durch die Übermacht der Waffen beizukommen ist. Zusätzlich werden die Protestbewegungen weltweit immer lauter. 1968 beginnen daher in Paris Gespräche zu einer politischen Lösung des Konfliktes. Die Kampf-

handlungen aber gehen noch vier Jahre weiter, und sie werden immer heftiger. Im Januar 1973 endlich wird der Vertrag zur Beendigung des Krieges unterzeichnet. Die USA ziehen sich zurück, dadurch wird die Lage im ohnehin völlig entgleisten Südvietnam noch weiter destabilisiert. Erst 1975 kapituliert Südvietnam angesichts der FNL Truppen. Nord- und Südvietnam werden vereint. Der Krieg ist zu Ende. Die Bilanz: 3,5 Millionen Tote auf beiden Seiten, ein restlos verwüstetes Land und Millionen von verwundeten und psychisch schwer angeschlagenen Menschen.

Ein Jahr nach dem Friedensvertrag beschließt die neu gewählte Nationalversammlung 1976 die Gründung der Einheitlichen Sozialistischen Republik Vietnam (SRV). Als Ziel wird die Schaffung eines starken Industrie-Agrarlandes im Sinne des Marxismus-Leninismus angestrebt. Die Privatwirtschaft wird abgeschafft. Es kommt zu Enteignungen und Umsiedlungen von Millionen von Menschen. Riesige Flüchtlingsströme verlassen das Land, viele von ihnen auf kleinen Booten, die internationale Presse nennt sie »Boat People«.

Ruhe kehrt auch außenpolitisch nicht ein. Vietnam orientiert sich an Russland, das benachbarte Kambodscha der Roten Khmer hingegen an China. Die beiden Großmächte aber sind seit den 1960er Jahren im Clinch, ein Stellvertreterkrieg in kleinen Ländern kommt ihnen gelegen. Nach zahlreichen Grenzzwischenfällen marschieren vietnamesische Truppen Ende 1978 in Kambodscha ein. Sie kommen zügig voran, nehmen die Hauptstadt Phnom Penh ein und stürzen das Schreckensregime des Pol Pot. China reagiert Anfang 1979 mit einer Strafexpedition, chinesische Truppen dringen vom Norden her nach Vietnam ein. Sie werden rasch zurückgeschlagen, wieder einmal sind in Vietnam aber Millionen von Menschen auf der Flucht.

Die Folgen des Einmarschs in Kambodscha sind für Vietnam schwerwiegend: Das ohnehin bitterarme Land, in dem sich die Planwirtschaft als totaler Misserfolg erweist und eine Wirtschaftskrise der anderen folgt, wird international isoliert und mit einem Wirtschaftsembargo bestraft, als einziger Verbündeter bleibt die Sowjetunion, und die ist Anfang der 1980er Jahre selbst Schauplatz großer Veränderungen. Gorbatschow setzt auf *Glasnost* und *Perestroika*, und Vietnam folgt diesem Beispiel. 1986 beschließt die kommunistische Partei auf ihrem VI. Parteitag eine Politik der Erneuerung und die kontrollierte Liberalisierung in Wirtschaft und Gesellschaft, *Doi Moi*. Langsam, Zug um Zug, kehren dadurch Normalisierung und Stabilisierung ein.

1989 ziehen sich die vietnamesischen Truppen aus Kambodscha zurück. Mit Beginn der 1990er Jahre erlaubt die neue Verfassung den Übergang zur Marktwirtschaft, werden die Genossenschaften abgeschafft, Auslandsinvestitionen gestattet und Maßnahmen zur Inflationsbekämpfung ausgearbeitet. 1994 heben die USA das Wirtschaftsembargo auf. Seither erlebt das Land nicht nur einen wirtschaftlichen Aufschwung, sondern auch eine Öffnung in alle Richtungen.

VIETNAM KULINARISCH – KÖSTLICHKEITEN IM SCHÄLCHEN

So schwer es für Vietnam im Laufe seiner Geschichte auch war, immer wieder unter dem Einfluss fremder Mächte zu stehen, der Landesküche hat es gut getan. Vieles von dem, was in den Woks bruzzelt, in den Töpfen der Suppenküchen brodelt oder in den Restaurants auf den Tisch kommt, hat ursprünglich chinesische Wurzeln, zählt zu den traditionellen Gerichten der Thai, der Khmer und der Inder oder stammt aus der vegetarischen Küche des Buddhismus. Darüber hinaus haben die Franzosen Vietnam Baguettes, Croissants und Kaffee beschert. Nur die US-Truppen haben kulinarisch nichts hinterlassen – aber das ist nicht wirklich ein Manko.

Die Parallelen zur chinesischen Küche fallen als erstes auf. Tische und Stühle der einfachen Restaurants, Schälchen und Stäbchen als Essgeschirr, Küchenbeil, Feuertopf, Schwenkpfanne und Wok als Kochgeschirr, all das erinnert ebenso an den allmächtigen Nachbarn im Norden wie auch die Art des Vorschneidens der Zutaten und das Servieren.

Wie die chinesische Küche verwendet auch die vietnamesische – die übrigens als eine der leichtesten und gesündesten der Welt gerühmt wird – Reis, *com*, und Reisnudeln als Basis; daher bedeutet das Wort *com* gleichzeitig auch Mahlzeit. Tatsächlich begleitet Reis den Vietnamesen durch den ganzen Tag. Zum Frühstück gibt es außer Suppe oft Klebreis mit Ei – der runde oder viereckige Klebreis – *ban day* und *ban chung* – ist der Sage nach dem runden Himmel und der quadratischen Erde nachgebildet. Tagsüber wird in den unzähligen Garküchen der »Volksreis« gegessen.
Zum Reis gibt es eine Vielzahl unterschiedlichster Gemüse, die auf Grund des vielfältigen, von gemäßigt bis tropisch reichenden Klimas bestens gedeihen, darunter Süßkartoffel, Lotoskerne und -wurzeln, Morcheln und Artischoken. Gewürzt wird vor allem mit frischen Kräutern wie Zitronengras, Koriander, Basilikum, Zitronenmelisse, Minze und Petersilie. Knoblauch, Limonen und Ingwer sorgen für besondere Rafinesse.
Unverzichtbar ist bei so gut wie allen Gerichten die vergorene Fischsoße *nuoc mam*. Ihre Herstellung ist für Europäer ebenso gewöhnungsbedürftig wie ihr Geschmack: Um sie zu gewinnen, werden gesalzene Sardellen rund sechs Monate in Holzfässern eingelegt. Ähnlich wie in Europa das Salz, ist *nuoc mam* auf jedem Tisch zu finden. Sie ist auch Hauptbestandteil der je nach Geschmack mit Chili, Limonensaft, Knoblauch oder Pfeffer verfeinerten Würzmischung *nuoc cham*, die zu Snacks genossen wird.
Das wohl berühmteste Gericht Vietnams ist die Frühlingsrolle, im Norden *nem* und im Süden *cha gio* genannt. Sie besteht aus dünnem Reispapier, das mit Gemüse, duftenden Pilzen, Bällchen aus Rind- oder Schweinefleisch, Huhn oder Krabben gefüllt und in heißem Öl knusprig gebraten, roh oder in frische Salatblätter eingewickelt gegessen wird.
Die Hauptrolle in der vietnamesischen Küche spielt die Suppe, *pho*. Sie ist entweder Bestandteil einer aus Gemüse, Fisch oder Fleisch bestehenden Mahlzeit, oder ein ei-

genständiges Gericht. In den Städten und auf Märkten finden sich unzählige Suppenküchen, die die aromatische, sättigende Reisnudelsuppe in zahlreichen Variationen mit Gemüse, Fisch oder Fleisch, Eiern und frischen Kräutern anbieten, so enthält *pho bo* feine Rindfleischscheiben, und *pho ga* Hühnerfleisch. Die Suppe wird stundenlang gekocht, bis sie gut und würzig schmeckt. Mit ihr beginnt der Tag und mit ihr endet er. Ihre Anhänger kennen keine Standesunterschiede, ähnlich wie beim Wiener Würstelstand oder in der Hamburger Frittenbude gibt sich diesem Genuss der Bankdirektor ebenso hin wie der einfache Reisbauer.
In den Städten finden sich auch große *Poh*-Restaurants, auch sie sind einfach eingerichtet, es gibt weder Tischdecken noch Speisekarte, viele sind aber so beliebt, dass sie täglich bis zu tausend Portionen Suppe verkaufen. Auf der Straße kann man aber nicht nur Suppe essen. Es gibt auch zahllose kleine und große Stände, die köstliche Gerichte anbieten. Die Auswahl ist meist nicht sehr groß und geöffnet ist nur, so lange die Zutaten reichen, dafür ist aber alles garantiert frisch und wohlschmeckend. Satt wird hier übrigens nur, wer mit Stäbchen umgehen kann, denn westliches Besteck gibt es in den seltensten Fällen. Dieses findet sich meist nur in den westlich orientierten Restaurants der Städte, die in der Regel von Touristen frequentiert werden und in denen auch westliche Gerichte auf der Karte stehen.

JE GIFTIGER DIE SCHLANGE, DESTO HÖHER IHR PREIS

Dass es spezielle Restaurants gibt, in denen für europäischen Geschmack sehr Exotisches angeboten werden, ist eine Tatsache, die nicht zu leugnen ist. Gegrillter Hund, gebratene Katze, Schlangen – das noch schlagende Herz ist dem Ehrengast vorbehalten und je giftiger die Schlange, desto höher ihr Preis –, Schildkröten, Mäuse und Sei-

denraupen finden in Vietnam nach wie vor ihre Anhänger, obwohl derlei offiziell verboten ist. Eine besonders beliebte Spezialität sind Enteneier, die fünf Tage vor dem Schlüpfen des Kükens gekocht und serviert werden.
In dem langgestreckten Land Vietnam gibt es auch kulinarisch regionale Unterschiede. So hat die Küche des Nordens den Ruf, eher mild und weniger stark gewürzt zu sein, je weiter es nach Süden geht, desto schärfer und auch stärker gesüßt wird das Essen. Die Mitte des Landes hingegen, in der viele Buddhisten leben, ist für ihre vegetarischen Gerichte berühmt.
Getrunken wird in Vietnam vor allem Tee, und zwar bevorzugt grüner Tee. Er wird in Restaurants gratis zum Essen serviert, die Schale wird meist automatisch nachgefüllt. In Vietnam werden die aromatischsten Kaffeebohnen der Welt geerntet, und bei diesem Getränk lieben es die Vietnamesen stark. Sie trinken zwar nur kleine Mengen, die haben es aber in sich. Kein Wunder, dass zum Tässchen Kaffee auch gleich grüner Tee gereicht wird, gleichsam zur Verdünnung des Konzentrats. Bier wird unter Lizenz ausländischer Konzerne hergestellt, daneben gibt es aber auch durchaus akzeptable heimische Marken. Großer Beliebtheit erfreut sich der Reisschnaps, der entweder pur oder mit Kräutern serviert wird.
Was den Europäer in Vietnam auf Anhieb fasziniert, ist die Vielzahl exotischer Früchte, die vor allem im Süden des Landes überall präsent sind. Jackfrucht, Mango, Sauersack, Longiane, die teuflisch stinkende, aber göttlich schmeckende Durian, Guave, Lychee, Ananas, Sternfrucht, all das ist hier frisch erhältlich, und es wird erst geerntet, wenn es wirklich reif ist. Viele dieser Früchte werden auch zu köstlichen Säften verarbeitet, sie sind auf Grund ihres Zuckergehaltes oft so nahrhaft wie eine halbe Mahlzeit, aber sie schmecken himmlisch. Zu den beliebtesten Getränken zählt die Kokosnussmilch, sie wird mit dem Strohhalm gleich aus der Frucht getrunken – auch das wie so vieles in Vietnam ein Genuss der besonderen Art.

Da Lat, die Stadt des ewigen Frühlings: Der Xuan-Huong-See wurde 1919 mitten in der Stadt künstlich angelegt. Die Stadt liegt 1400 Meter ü.d.M in der Hochebene von Lam Vien 300 Kilometer nordöstlich von Saigon

DA LAT – DAS ST. MORITZ VON VIETNAM

Bilder: Reinhard Pfefferkorn

Das Klima wie in Luzern im Mai und in der Umgebung malerische Berge, Pinien- und Kiefernwälder, Wasserfälle und Seen: Die 150 000 Einwohner zählende Stadt Da Lat hat alles, was ein zünftiger Ferienort braucht. Das macht die *Stadt des Ewigen Frühlings* zur beliebtesten Sommerfrische Vietnams. Und das schon seit über 100 Jahren. 1400 Meter hoch liegt Da Lat auf der Hochebene von Lam Vien. Diese Höhenlage und die Berge und Wälder der Umgebung bescheren der Stadt ein Klima, das europäischen Idealen entspricht: Die Tagestemperaturen steigen kaum über 25 Grad, und in der Nacht kühlt es auf rund 15 Grad ab. Die Luft ist klar, frisch und würzig, die Sonne brennt weder gnadenlos vom Himmel, noch legt sich feuchte Hitze tonnenschwer auf die Brust und erschwert das Atmen.

Die französischen Kolonialherren litten in Indochina erbärmlich unter der schweißtreibenden Hitze und der drückenden Schwüle. Sie suchten daher von Anfang an nach Orten mit erträglichen Klimaverhältnissen, in denen sie sich zumindest ein paar Wochen erholen konnten. Ende des 19. Jahrhunderts schickte der französische Gouverneur von Cochinchina eine Delegation in das Bergland von Vietnam, um einen geeigneten Urlaubsort zu finden. Geleitet wurde diese Delegation von dem Naturforscher Dr. Alexandre Yersin, der später als Entdecker des Pestbazillus und als Entwickler von Impfstoffen gegen Meningitis, Tetanus und Cholera Berühmtheit erlangen sollte. Seinen Spürsinn stellte Dr. Yersin schon bei dieser Mission unter Beweis: Er entdeckte Da Lat und seine Vorzüge, und schließlich war es sein Bericht, der den Ausschlag dafür gab, dass die Franzosen diesen Ort systematisch als Sommerfrische ausbauten, als das St. Moritz von Vietnam.

Eine der Bedingungen für den neuen Urlaubsort war, dass er gut erreichbar war. Ab dem Jahr 1913 wurde an einer Bahnverbindung nach Da Lat gebaut, und die erwies sich schon bald als echte Herausforderung an die Technik. Sie zweigte an der Hauptverbindung Saigon- Hanoi, auf der später der *Wiedervereinigungs-Express* verkehren sollte, in dem 300 Kilometer nördlich von Saigon gelegenen Ort Thap Cham ab, der nur wenige Meter über dem Meeresspiegel liegt. Auf der landschaftlich reizvollen Strecke von 84 Kilometern hatte sie den beträchtlichen Höhenunterschied von über 1400 Metern zu überwinden, dafür mussten fünf Tunnels und drei Zahnstangenabschnitte gebaut werden. Endgültig fertig war die Bahnstrecke erst 1932. Dann schnauften Dampflokomotiven der Schweizerischen Lokomotiv- und Maschinenfabrik Winterthur unermüdlich die Bergstrecke hinauf und hinunter – zwei davon genießen ihren verdienten Ruhestand übrigens in ihrer alten Heimat, sie wurden im Jahr 1990 zurückgeholt.

Während des Vietnamkrieges war die Bahnlinie insgesamt achtmal Ziel von Anschlägen der Vietnamesischen Befreiungsfront, einmal hinterließ eine kurz vor der Durchfahrt gezündete Mine sogar einen so großen Krater, dass die ganze Lokomotive darin stecken blieb. Auf Grund der Attentate musste der Betrieb im Jahr 1969 auf der gesamten Strecke eingestellt werden. Im Jahr 1991 kehrte in den Bahnhof Da Lat, dessen hübsche Gebäude mit seinem wuchtigem Dach und seinen französischen Fenstern eines der reizvollen architektonischen Souvenirs der Franzosen ist, dennoch wieder etwas Leben ein: Jetzt fährt eine Zahnradbahn ins sieben Kilometer entfernte Trai Mat – als Touristenattraktion.

Französisches Flair verströmt die Stadt auch heute noch. Und das nicht nur wegen des »Eiffelturms« südlich vom Xuan-Huong-See, dessen Beleuchtung sich nachts prachtvoll im Wasser spiegelt. Auch wenn dieser Turm dazu beiträgt, dass Da Lat immer wieder »Klein Paris« genannt wird, hat er mit der berühmten Eisenkonstruktion an der Seine wenig zu tun – er wurde 1997 als Telekommunikationsturm errichtet.

Echt französisch hingegen sind in Da Lat noch viele Bauten. Das Franzosenviertel nahe der Brücke über den Fluss Cam Ly wirkt nach wie vor wie eine Kleinstadt in den französischen Alpen, in bestimmten Straßenzügen reiht sich eine in europäischem Stil gebaute Villa an die andere, und den See überblickt das mondäne, 1922 errichtete Hotel Da Lat Palace, das 1995 renoviert und als weiß strahlendes Luxushotel von der französischen Hotelkette Sofitel wiedereröffnet wurde.

Gästehaus, Kunstgalerie und Café: Dieses Haus in Da Lat hat nicht Picasso entworfen und auch nicht Antoni Gaudí, sondern in den 1990ern die Architektin Dr. Dang Viet Nga, genannt Hang Nga

Straßenszene in Da Lat

ANANASERNTE AUF 1400 METER HÖHE

Der Markt von Da Lat erstaunt europäische Besucher immer wieder. Hier bieten die Bewohner des umliegenden Berglandes ihre Erzeugnisse an, und die wirken wohlbekannt, denn in der Höhenlage gedeihen neben tropischen Früchten wie Ananas, Bananen und Avocados auch Obst, Gemüse und Blumen wie zu Hause in Mitteleuropa, darunter Mais und Kürbis, Kraut und Zwiebel. Berühmt sind vor allem die Erdbeeren von Da Lat, sie werden auch zu köstlicher Marmelade verarbeitet.

Etwas unterhalb des Marktes liegt der 1919 durch einen Damm aufgestaute See Xuan Huong. Zusammen mit dem frischen Grün des Golfplatzes auf der einen Seite und dem 1966 angelegten Blumengarten verleiht er Da Lat den freundlichen Charakter einer eleganten Kurstadt. Umgeben von einem schönen ruhigen Garten mit uralten Bäumen ist auch der buddhistische Tempel Chua Linh Son, der im Jahr 1938 errichtet wurde. Und auch der Turm der 1931 auf einem Hügel erbauten katholischen Kathedrale, deren Glasfenster von dem Künstler Louis Balmet aus Grenoble gestaltet wurden, ragt aus grünem Blätterwerk in den blauen Himmel.

Wie in der Kolonialzeit ist Da Lat auch heute noch ein beliebter Ferienort für gestresste Großstädter und Flitterwöchner. Das bringt auch Nachteile. Abgesehen davon, dass es eine ganze Reihe von lästigen, lauten Rummelplätzen gibt, blüht in Da Lat auch der Kitsch wie kaum anderswo in Vietnam. Angeboten werden Souvenirs in kaum zu überbietender Geschmacklosigkeit, und Händler und Fotografen, die Schnappschüsse knipsen wollen, sind oft nur schwer abzuschütteln.

Die Umgebung Da Lats war lange bekannt für seine Großwildjagd. Dem Übereifer der Jäger ist es aber zu verdanken, dass in den umliegenden Bergen so gut wie kein Großwild mehr lebt. Das Elefantenlager von Buon Ma Thuot im zentralen Hochland nördlich von Da Lat lässt die alten Zeiten noch erahnen. Dort werden für Touristen Elefantenritte organisiert, das Problem ist allerdings, dass der Ort nur mühsam mit Geländewagen zugänglich ist, denn die Straße hinauf in das Dorf ist noch nicht ausgebaut.
Besser zu erreichen sind die Sehenswürdigkeiten im nahem Umkreis von Da Lat, allen voran der Palast von König Bao Dai. 1938 etwas außerhalb der Stadt in einem großen, parkartigen Gelände erbaut, wurde er von den südvietnamesischen Machthabern genützt, nachdem der König das Land verlassen hatte. Später verbrachten dann einflussreiche Kommunisten darin ihre Ferien. Heute ist er der Öffentlichkeit zugänglich.
Ebenfalls im Rahmen einer kleinen Wanderung zu Fuß erreichbar sind die Wasserfälle nahe Da Lat. Es gibt eine ganze Reihe davon, ob sie wirklich sehenswert sind, hängt allerdings von der Jahreszeit ab. Hat es längere Zeit nicht geregnet, bestehen sie nur aus einem dünnen Bächlein, nach starken Regenfällen hingegen führen sie ganz ordentlich Wasser. Wer wirklich beeindruckende Wasserfälle sehen will, muss von Da Lat in Richtung Ho-Chi-Minh-Stadt fahren. Bei den Prenn-Fällen stürzt das Wasser immerhin 15 Meter in die Tiefe, ebenso beim Ankroet-Fall, am spektakulärsten aber ist der Pongour-Fall, bei dem die Wassermassen aus einer Höhe von 30 Metern in die Tiefe donnern, und das mitten in dichtem, tropischem Urwald.
Für Flitterwöchner ist der Besuch des *Tals der Liebe* sechs Kilometer nördlich der Stadt unumgänglich. König Bao Dai, der hier einen See anlegen ließ, hat es ursprünglich *Tal des Friedens* genannt, romantische Studenten tauften es später aber um. Jetzt ist genau genommen weder von Frieden noch von Liebe etwas zu spüren, es herrscht Rummelstimmung. Menschenscharen pilgern vorbei an einer unendlichen Reihe von Souvenirläden zu einem Aussichtspunkt, lassen sich fotografieren und fahren dann in Booten über den See – das ist alles.
In der Umgebung von Da Lat liegen die zahlreichen Felder und Beete von Gemüse- und Blumenfarmen dicht an dicht nebeneinander. Da sich das Klima und die Bodenverhältnisse auch bestens für den Anbau von Tee und Kaffee eignen, gibt es auch dafür zahlreiche Plantagen. Eine Besonderheit sind die Betriebe, die sich mit der Gewinnung von Seide beschäftigen. In Bao Loc befindet sich eine der weltweit größten Zuchtfarmen für Maulbeerbäume und Seidenraupen. Die Raupen werden mit den Blättern der Maulbeerbäume bis zu dem Stadium gefüttert, in dem sie sich in ihre Kokons einspinnen. Aus den Kokons wird dann Seide gewonnen, pro Jahr die gigantische Menge von 37 Tonnen. Sie wird später zu feinen Seidenstoffen weiterverarbeitet. Und die stellen im Unterschied zu dem allerorts angebotenen Kitsch ein wertvolles Mitbringsel aus Vietnam dar.

oben Mädchen der Hmong-Minderheit in der Berglandprovinz Lao Cai
rechts Nur für Schwindelfreie: Brücke über dem Silberwasserfall (Thac Bac) · *Seiten 50/51* Bergreisterrassen im Norden

DER SCHÖNE WILDE NORDEN

Eine grandiose Bergwelt mit steil aufsteigenden, dicht bewachsenen Bergen und engen Tälern, Bergvölker, die dem rauen Klima trotzen und geschichtsträchtiger Boden, der seit Jahrtausenden mit Blut durchtränkt ist: Das Bergland im Norden Vietnams ist eine Welt für sich. Schwer zugänglich, auf jeden Fall aber faszinierend und ganz anders als das übrige Vietnam.

Sobald die Straße das ebene Delta des Roten Flusses Richtung Nordwesten verlässt, beginnt das Land anzusteigen. Die erste auf dem lieblichen, von Bergen mittlerer Höhe umgebenen Hochland gelegene Stadt ist Hoa Binh. Ihre Umgebung ist uralter Kulturboden. Hier lebten schon vor rund 30 000 Jahren Menschen, das beweisen Funde von primitiven Werkzeugen in der Dieu-Höhle. Bereits ab 16 000 v. Chr. fertigten die Menschen der sogenannten Hoa-Binh-Kultur in dieser Gegend Steinwerkzeuge und Gebrauchsgegenstände mit ganz bestimmten Stilmerkmalen. Fundstücke aus dieser Epoche tauchten bisher in ganz Südostasien auf.

In den Bergen Nordvietnams leben Dutzende unterschiedlicher Minderheiten, darunter die Nung, die Weißen und die Schwarzen Thai, die Man und die Hmong. Sie bilden

Bauernarbeit beim Dorf Cat Cat nahe der Stadt Sa Pa, 300 Kilometer nördlich von Hanoi

Dorfgemeinschaften, in denen sich die Pfahlbauten aus Holz, die meist von einer ganzen Familie bewohnt werden, um das Gemeinschaftshaus scharen. Viele von ihnen besitzen keine Schriftsprache, sie geben ihre Dichtungen und Legenden noch mündlich weiter. Das ist ein ebenso großer Kulturschatz, wie die Kunst der Stickerei und Weberei oder die Erzeugung von Silberschmuck.
Ihre landwirtschaftlichen Produkte verkaufen die Angehörigen der ethnischen Minderheiten meist auf den Märkten der Städte. An den bunten Farben ihrer traditionellen Kleidung, an den phantasievoll geschwungenen und oft kunstvoll mit Stickereien oder Metallschmuck verzierten Kopftüchern, am Schmuck oder – ganz im Norden – an den schwarz bemalten Zähnen lässt sich ihre Volkszugehörigkeit erkennen.
In vielen Dörfern sind auch heute noch höchst merkwürdige Spuren des Krieges zu sehen. Tun sich neben Häusern tiefe, steilwandige Löcher auf, dann sind das Bombentrichter. Als Behälter für das Hühnerfutter stehen Stahlhelme in Gebrauch, als Schweinetröge Bombenhüllen. Und so manch altes, inzwischen rostig gewordenes Kriegsgerät wie Teile von Panzern oder Gewehren dient jetzt als Zaun friedlichen Zwecken.
Trotz aller möglichen Anstrengungen der Zentralregierung halten viele der ethnischen Minderheiten an ihrer alten, für die Natur aber äußerst schädlichen Methode der Brandrodung fest. Sie holzen Bäume und Sträucher ab und verbrennen sie, um neues

In Sa Pa leben gut 10 000 Einwohner
links 1560 Meter hoch liegt Sa Pa in den Tonkinesischen Alpen
Seiten 56/57 Reisterrassenlandschaft in Vietnams hohem Norden

Ackerland für den Anbau von Wild- oder Bergreis, Mais, Gemüse und – in dieser Gegend selbstverständlich – für Mohn zu gewinnen. Die Brandrodung prägt das Landschaftsbild immer wieder: Dichte, hohe Wälder sind selten, und die Flächen, die nach ein paar Jahren als Ackerland ohnehin unbrauchbar wurden, sind nur spärlich mit Buschwerk und Gestrüpp bewachsen.

Die Fahrt in den Nordwesten Vietnams führt durch eine der reizvollsten Landschaften Vietnams. Sie wird geprägt durch grüne Ebenen mit Reisfeldern, durch die hell leuchtenden Felsen des *Berges der Wohlgerüche*, Regenwälder, von denen Nebel aufsteigt, der sich dann wie ein zarter Schleier über das Land legt, durch Pagoden und Tempel.

Ab der Marktstadt Moc Chau verschlechtert sich der Zustand der Straße drastisch. Es gibt zwar Pläne für einen großzügigen Ausbau des Straßennetzes mit internationaler Hilfe, das ist aber Zukunftsmusik. Noch ist Asphalt in dieser Gegend ein Fremdwort, die Straßen sind infolge der häufigen Regengüsse ausgewaschen und voll mit riesigen Steinen oder Schlammlöchern, und immer wieder führen sie durch Bachbetten. Hier kommen nur Jeeps durch, und das langsam.

Die Stadt Son La entschädigt für diese Mühen kaum. Mit ihren alten Betonhäusern und dem vielen Wellblech wirkt sie desolat und trostlos, Grau in Grau. Tatsächlich war sie lange ein Ort des Schreckens: In dem 1908 errichteten berüchtigten Gefängnis von Son La waren hauptsächlich politische Gefangene untergebracht – und bekamen die volle

Härte ihres Schicksals zu spüren. Ein Großteil des Archipel Gulags von Vietnam wurde während des Ersten Indochinakrieges gesprengt, ein Nebengebäude beherbergt jetzt ein Ethnographisches Museum.

HOCHEBENE SCHRIEB WELTGESCHICHTE

Die Hochebene von Dien Bien Phu ist heute eine abgelegene Gegend, in die sich nur wenige Fremde verirren, und wenn, dann sind es Franzosen. Die 29 Kilometer lange Ebene liegt friedlich da, der Wind streicht über Dornengestrüpp und wild wucherndes Gesträuch, ein paar Kinder tollen spielend herum. Dass in dieser einsamen Gegend einmal Weltgeschichte geschrieben wurde, und dass diese Ebene einmal eines der größten und blutigsten Schlachtfelder der Welt war, ist auf den ersten Blick nicht zu erkennen. Aber: Hier errang die Viet Minh im Mai 1954 den entscheidenden Sieg über die Franzosen.

Der französische General Henri Navarre hatte geplant, die »zerlumpten Befreiungskämpfer, die sonst nur aus dem Dschungel heraus operieren« mit der Überlegenheit seiner Waffen in einer großen Feldschlacht niederzuringen. Er errichtete in Dien Bien Phu eine waffenstarrende Festung. Dem Viet Minh aber gelang es unter Gerneral Vo Nguyen Giap, heimlich Stollen und Höhlen in die umliegenden Berghänge zu graben und dort schweres Geschütz, Waffen und große Truppenkontingente zu verschanzen.

Zwei Monate tobte der Kampf unentschieden, im Sturmangriff aber gelang es der Viet Minh schließlich, Dien Bien Phu zu Fall zu bringen. Damit war Vietnam zwar von den Franzosen befreit, der Preis aber war unendlich hoch: Auf diesem Schlachtfeld verloren 23 000 Kämpfer der Viet Minh ihr Leben und 6000 französische Soldaten, vor allem Fremdenlegionäre.

So dramatisch die Ereignisse auf diesem Schlachtfeld und ihre Folgen für die Zukunft Vietnams auch waren, so spärlich fallen die Zeichen der Erinnerung aus. Die Rekonstruktion des Kommandobunkers, ein paar rostige Panzer und ein mikriges, kleines Museum, in dem ein Modell des Schlachtfeldes und ein paar Fotos gezeigt werden, das ist alles.

Wer auf der Fahrt nach Dien Bien Puh schon dachte, noch schlechter könnten Straßen nicht sein, wird auf dem Weg nach Lai Chau eines besseren belehrt. Hier sind die Schäden, die niederstürzende Wolkenbrüche anrichten, Schlaglöcher, Felsen und Geröll noch dramatischer. Entsprechend langsam geht es voran. Für dieses immer wieder von verheerendem Hochwasser heimgesuchte Gebiet gibt es ein großes Zukunftsprojekt: Das Tal von Lai Chau soll überflutet und ein riesiger Staudamm errichtet werden. Bis dahin aber herrscht auf dem Markt von Lai Chau weiter geschäftiges Treiben, wenn die Mitglieder der unterschiedlichsten Stämme in ihren farbenprächtigen Trachten mit ihren Waren zum Markt kommen.

Das nördlich von Lai Chau liegende Grenzgebiet zu Laos und China ist dicht bewaldet und kaum besiedelt. Die entlegenen Teile dieser Wälder sind das Reich der letzten Tiger, Bisons und Bären Vietnams. Wie lange noch, das ist allerdings die Frage, denn die Edelhölzer, die hier zu gewinnen sind, locken bereits Holzfäller an.

Der malerische Ort Sa Pa hingegen ist alles andere als einsam. In den 1920er Jahren begannen die Franzosen, diesen fast 1600 Meter hoch am Fuße des Fan Si Pan, des höchsten Berges Vietnams, gelegenen Ort zu einem Höhenkurort auszubauen. Sie scheiterten aber an den schlechten Straßenverhältnissen und an der Schwierigkeit, den Ort gut erreichbar zu machen und ließen das Projekt fallen. Sa Pa verfiel in einen jahrzehntelangen Dornröschenschlaf.

In den 1990er Jahren küssten es die Touristen wach, die von diesem Ort aus zu Trekking- und Bergsteigtouren aufbrechen. Jetzt ist Sa Pa auch ein beliebtes Ziel für Wochenendurlauber, die in dieser Höhenlage der Hitze der Großstädte entfliehen wollen. Sie reisen meist per Zug an, nehmen zehn Stunden Fahrt von Hanoi zum Bahnhof Lao Cai und dann weitere zwei Stunden Fahrt im Kleinbus hinauf nach Sa Pa gerne in Kauf, um die einzigartige Berglandschaft genießen zu können. Ihre Mühe wird tausendfach belohnt: die stufenförmig an die Berghänge geschmiegten tiefgrünen Reisterrassen unten und die majestätische Bergwelt des Fan Si Pan oben, das alles ergibt Bilder von nahezu unwirklicher Schönheit.

Ha-Long-Bucht mit smaragdgrünem Wasser
Seiten 60/61 Das achte Weltwunder – 150 Kilometer östlich von Hanoi: Ha-Long-Bucht
Seiten 62/63 Die Ha-Long-Bucht ist mit ihren Felstürmen, Kegeln und Kuppen seit 1994 ein Unesco-Weltnaturerbe

HA LONG – DER HERABSTEIGENDE DRACHE

In welch rasantem Tempo sich das Rad der Zeit in Vietnam dreht, zeigt sich auf der Fahrt von Hanoi nach Ha Long. Noch in den 1990er Jahren führte diese Strecke nahezu durch das Asien einer vergangenen Epoche. Reisende waren auf der knapp 150 Kilometer langen Strecke unendlich lang unterwegs und mussten per Fähre zahlreiche Mündungsarme des Roten Flusses überqueren. All das ist inzwischen Vergangenheit. Jetzt geht es üblicherweise auf der Schnellstraße nach Hai Phong und von dort in einem modernen, schnellen Tragflügelboot weiter.
Auch die rund 100 Kilometer lange Strecke zwischen Hanoi und dem Hafen Hai Phong hat sich seit den 1990ern rasant verändert. Verschlafene Dörfer, Entenhüter, Kinder und Wasserbüffel, die in lehmigen Bachläufen badeten, diese Bilder prägten die Landschaft lange. Das alles gibt es zwar noch, aber nur im Hintergrund. Inzwischen wurde die Nationalstraße 5 großzügig ausgebaut, auf ihr rollt der Lastverkehr mit voller Wucht zwischen dem größten Hafen und der Hauptstadt dahin. Entlang der Verkehrsader reiht sich ein Industriegebiet mit Fabriken und Produktionsstätten an das nächs-

HAI YEN

HAI LONG
BAI THO

te. Und am Straßenrand hat sich neues Leben etabliert. Hier sind einfache Restaurants oder mit Palmblättern gedeckte Buden entstanden, in denen Erfrischungen verkauft werden oder die Bauern der Umgebung ihre Produkte anbieten.
Den Hafen Hai Phong haben ursprünglich die Franzosen ausgebaut – die Kolonialmacht brauchte einen Ausfuhrhafen für die in Vietnam abgebaute Kohle und die riesigen Mengen an Handelsgütern wie Reis, Tee und Kaffee. Im Vietnamkrieg zog der Hafen naturgemäß das Interesse der Amerikaner auf sich. Um den Nachschub und vor allem die Waffenlieferungen aus Russland zu unterbinden, bombardierten sie das Gebiet zwischen Hai Phong und Hanoi so heftig wie kaum eine andere Gegend Vietnams. Und zum Schluss verminten sie den Hafen auch noch.
Heute ist Hai Phong die drittgrößte Stadt Vietnams und der wichtigste Industriestandort im Norden des Landes. Die 650000 Einwohner zählende, am Ufer des schnurgerade verlaufenden Flusses Tam Bac gelegene Stadt kann ihre französische Vergangenheit nicht verleugnen. Sie besitzt breite, schattige Boulevards, hübsche Parks und imposante Bauten aus der Kolonialzeit. Hai Phong befindet sich seit einigen Jahren im totalen Höhenflug. Der wichtige Umschlagplatz für Waren und Handelsgüter aller Art sucht eifrig nach ausländischen Investoren – und hat dabei großen Erfolg.
Die Bucht von Ha Long wird oft stolz als das achte Weltwunder bezeichnet. Schon der erste Blick auf die wie verwunschen daliegende Bucht, das smaragdgrüne Wasser, die bizarr aufragenden Felstürme, Kegel und Kuppen und die lautlos wie von Geisterhand gezogenen Dschunken mit ihren riesigen, gefächerten Segeln gibt dieser Ehrenbezeichnung uneingeschränkt Recht. Tatsächlich hat die UNESCO die Bucht bereits 1994 zum Weltnaturerbe erklärt.
Die Vietnamesen behaupten zwar, dass es über 3000 Inseln sind, die in der rund 1500 Quadratkilometer großen, im Golf von Tonkin gelegenen Märchenlandschaft aus dem Wasser aufragen, offiziellen Angaben zufolge sind es aber nur 1969. Aber so oder so, die Felsinseln regen die Phantasie an, und das schon immer. So besagt eine Legende, dass sie entstanden sind, als vor Urzeiten ein Drache aus den Bergen herabstieg, um den Vietnamesen im Kampf gegen ihre Feinde beizustehen – Ha Long bedeutet übersetzt *Ort, an dem der Drache ins Meer steigt*. Auf seinem Weg schlug der Drache so wütend mit seinem Schwanz um sich, dass die Felsen zersplitterten und sich über die Wasserfläche verteilten.
Heute hat sich eher die Theorie durchgesetzt, der zufolge sich in der letzten Eiszeit die südwestchinesische Kalktafel so weit gesenkt hat, dass nur noch ihre Bergspitzen als Inseln aus dem Wasser schauen. Im Lauf der Jahrtausende haben dann Wind und die Gezeiten das Karstgestein geformt. Diese Theorie hat im Vergleich zur Drachenlegende ihre Nachteile. Wissenschaftliche Untersuchungen haben nämlich gezeigt, dass das Kalkplateau langsam, aber sicher weiter absinkt. Die malerische Mischung aus Him-

mel, Meer und Inseln ist daher in Gefahr, unterzugehen – irgendwann einmal, in ferner Zukunft.
Eine viel näher liegende Gefahr besteht darin, dass seit den 1990er Jahren immer mehr Touristen kommen, um sich von der hinreißenden Landschaft bezaubern zu lassen. Auf vielen der größeren Inseln liegt bereits eine Baustelle neben der anderen, Hotels und Restaurants schießen aus dem Boden, an manchen Orten herrscht besonders an Wochenenden richtiges Gedränge, und der Nepp blüht. Unmengen von ungeklärtem Abwasser führen überdies dazu, dass sich die Wasserqualität der Bucht dramatisch verschlechtert. Aber das ist mit freiem Auge zum Glück noch nicht zu erkennen.

HAHNENKAMPF- UND KRÖTENINSELN
JAMES BOND WAS HERE

Besucher erkunden die Ha-Long-Bucht, vor deren Traumkulisse im Jahr 1997 übrigens Teile des James Bond Films *Der Morgen stirbt nie* gedreht wurden, üblicherweise auf dem Wasserweg. Wer nur wenige Stunden Zeit hat, nimmt in Bai Chay ein Schnellboot für eine Halb- oder Ganztagestour, wer es nicht eilig hat und vielleicht sogar mehrere Tage bleiben kann, geht auf einem Kabinenboot auf Kreuzfahrt oder reist stilgerecht auf einer alten Dschunke.
Auf jeden Fall führt eine Schifffahrt von Wunder zu Wunder. Viele der seltsam geformten Inseln, die Namen tragen wie Hahnenkampf-, Kröten- oder Dominselchen, fallen steil ins Meer ab und sind üppig mit tropischer Vegetation bewachsen, die Größeren haben sogar richtige Dschungel, bei anderen ragen bizarr geformte Felsen nackt in die Höhe. Viele besitzen auch kleine, einsame Strände, mit nichts als einer windschiefen Bambushütte und weißem Sand, von dem aus es sich herrlich in lauwarmem Wasser planschen lässt.
Die größte der Inseln ist Cat Ba, die Hauptinsel des gleichnamigen, über 300 größere und kleinere Inseln umfassenden Archipels. Auf der mit ihren immergrünen tropischen Wäldern, Küstenmangroven, Süßwasserseen, Grotten, Höhlen, Sandstränden und Korallenbänken fast paradiesisch anmutenden Insel leben 12 000 Menschen von Fischfang, Austernzucht und zunehmend vom Tourismus. Gut die Hälfte der Insel und ein großer Teil des sie umgebenden Meeres bildet als Nationalpark einer Unzahl von Tieren wie Affen, Wildschweinen, Fischen, Weichtieren, Gliederfüßern, Robben und Delphinen einen geschützten Lebensraum.

Seiten 66/67 Wohndschunke in der Ha-Long-Bucht
Seiten 68/69 Ha Long bedeutet auf Deutsch: Ort, an dem der Drache ins Meer steigt

Im Delta des Roten Flusses südlich von Hanoi liegt die Trockene Ha-Long-Bucht mit ihren Reis- und Lotosfeldern
rechts In der Trockenen Ha-Long-Bucht bei Hoa Lu. Hoa Lu war von 968 bis 1009 Hauptstadt Vietnams

Viele der Inseln sind für ihre Höhlen und Grotten berühmt, die Wind und Wasser im Lauf der Zeit in unterschiedlichster Größe und Form in das poröse Kalkgestein gefressen haben. Die größte ist die Hang Dau Go Höhle, sie besteht aus drei Kammern und einer Vielzahl an stattlichen Stalaktiten und Stalagmiten – in denen die phantasiebegabten Vietnamesen Figuren, Gesichter oder Tiere zu erkennen glauben.
Ganz anders sieht die zwei Kilometer lange Höhle Hang Hanh aus. Sie zieht sich lang und eng wie ein Tunnel durch das Gestein und kann nur bei Niedrigwasser mit Sampans, offenen Ruderbooten, befahren werden. Um die Hang Trinh Nu, die Jungfrauenhöhle, rankt sich eine hübsche Sage. Ihr zufolge waren die Eltern eines jungen Mädchens so arm, dass sie sich kein Boot leisten konnten, also mieteten sie eines von einem reichen Mann. Als sie die Miete nicht bezahlen konnten, verlangte dieser ihre schöne Tochter als Konkubine. Das Mädchen aber verweigerte sich ihm. Da verbannte er sie in die Höhle, sie verhungerte und wurde zu Stein.

In der Bucht von Ha Long gibt es auch Hunderte von Fischern, die das ganze Jahr über auf ihren Holzbooten leben. Nachts binden sie die Dschunken zu kleinen Wasserdörfern zusammen. Wenn es stark regnet, suchen sie in einer der zahlreichen Höhlen Unterschlupf. Auf die Fischer weisen in vielen Grotten auch kleine Altäre hin, die sie errichtet haben – um mit einem kleinen Opfer aus Räucherstäbchen oder Blüten um guten Fang bitten zu können. Einige der Inseln und Höhlen haben in der Geschichte Vietnams eine wichtige Rolle gespielt. So soll Ngo Quyen im Jahr 939 seine listig vorbereiteten Eisenspitzen, in der Hang Dau Go Höhle versteckt haben. Sie wurden später der chinesischen Flotte in der Schlacht von Bach Dang zum Verhängnis, das bedeutete die Befreiung von der tausendjährigen Herrschaft der Chinesen. Während der Kriege gegen die Franzosen und Amerikaner dienten einige der Inseln als Auffanglager für Flüchtlinge und Verwundete. Auf Cat Ba konnten in einem provisorisch in einer Höhle eingerichteten Krankenhaus bis zu 300 Kranke versorgt werden. Von dieser Insel aus brachen auch Tausende Boat People zu ihrer Fahrt ins Ungewisse auf. In den düsteren Zeiten, die inzwischen zum Glück überwunden sind ...

Mit Booten erreichbar und durchfahrbar sind die Drei Grotten (Tam Doc) nahe Ninh Hai in der Trockenen Ha-Long-Bucht

DIE TROCKENE HA-LONG-BUCHT

Text von Annaliese Wulf

Am Südrand des Rote-Fluss-Deltas lag im 10. Jahrhundert die Königsstadt Hoa Lu. Dieses Gebiet, das Alte Reich genannt, war Teil des Golfs, der vom Roten Fluss zugeschüttet wurde. Aus dem fruchtbaren Land ragen noch zahllose Berge und Felsen auf. Die Landschaft wird Trockene Ha-Long-Bucht genannt. Ein kleiner Fluss schlängelt sich nun durch die Felder und Hügel. Er fließt durch drei Höhlen, jede etwa 100 Meter lang. Zwischen den Felsen liegen ruhige, seichte Wasserbecken, aus denen senkrechte Felswände aufragen. An den Ufern wächst Reis und Gemüse. Im Unabhängigkeitskrieg 1953 hallten die stillen Buchten von schweren Kämpfen wider. In dieser Abgeschiedenheit lag von 969 bis 1009 die Hauptstadt der Dinh- und Frühen Le-Könige.

Von den Palästen in den Bergen und dem Heerlager am Fluss berichten Legenden und Schriften. Einige Ziegel mit eingeschnittener Jahreszahl wurden gefunden. In einem Gedenktempel steht die Statue des Dinh-Herrschers. Sie ist die älteste Statue eines vietnamesischen Königs. Zu Füßen und auf der Höhe des Berges Ma Yen, Pferdesattel, liegen die steinernen Gräber der beiden Könige, die in dieser abgelegenen Gegend die Grundlage für das tausendjährige vietnamesische Königreich gelegt haben, das sie Dai Viet nannten.

HANOI – DER AUFSTEIGENDE DRACHE

Tiefgrüne Reisfelder, Herden von Wasserbüffeln und Bauern mit kegelförmigen Strohhüten: Die Umgebung der Hauptstadt Hanoi strahlt tiefsten, ländlichen Frieden aus. In der Stadt angekommen, ändert sich dieser Eindruck rasch. Die vielen unbekannten Gerüche, die undurchdringliche Sprache, die oft wie Vogelgezwitscher klingt, und die Tausenden von Mofas in den Straßen verwirren den Besucher aufs erste einmal heillos. Aber schon nach kurzer Zeit scheint es ganz selbstverständlich, dass fünf Personen auf einem einzigen Fahrrad durch die Straßen radeln oder dass ganze Familien auf den Gehsteigen lagern.

Entstanden ist Hanoi, als sich König Ly Thai To, der Begründer der Ly-Dynastie, um das Jahr 1000 nach einem geeigneten Platz für die neue Hauptstadt seines Reiches umsah. Dabei kam er auch in die Ebenen des Roten Flusses. Plötzlich war ihm, als sähe er aus dem über dem Wasser liegenden Nebel einen Goldenen Drachen aufsteigen. Der König war damit zwei Sorgen auf einen Schlag los: Zum einen wusste er, wo er seine Residenz bauen sollte, und zum anderen hatte er auch gleich einen Namen für sie: Than Long, *Aufsteigender Drache*.

Diesem Namen machte Than Long auch bald alle Ehre. Das ursprünglich nur aus ärmlichen, am Flussufer gebauten Pfahlbauten bestehende Dorf mauserte sich rasch zur Königsstadt. Da das flache Land ringsum aus verteidigungstechnischer Sicht ungünstig war, ließ König Ly Thai To Gräben ausheben und Hügel aufschütten. Die Zitadelle

links Die Zeremonienhalle mit dem Innenhof des Literaturtempels. Der Literaturtempel (Van Milu) in Hanoi ist nicht nur ein konfuzianisches Hauptheiligtum, sondern auch Vietnams erste Universität, gegründet 1076
oben links Konfuzius' Ahnentafel in der Zeremonienhalle wird von zwei auf Schildkröten stehenden Kranichen bewacht
oben rechts Am Brunnen des Himmlischen Lichts in der Literaturtempelanlage

wurde errichtet, zwischen Westsee und Zitadelle entstand die Bürgerstadt mit den Häusern der Mandarine, der Offiziere und des einfachen Volkes – und mitten darin die von hohen Mauern umgebene Königsresidenz, die Verbotene Stadt, die schon im Jahr 1010 acht Paläste und drei Pavillons umfasste.

Inzwischen hat die Stadt ihren Namen mehrmals gewechselt, sie wurde im Laufe der Geschichte immer wieder erobert, und jeder neue Besitzer benannte sie um. Als sie während der Nguyen-Dynastie (1802–1945) ihre Vormachtstellung als Kaiserresidenz an Hue abgeben musste, verlor sie auch das Recht, den Drachen im Namen zu führen – er gilt schließlich als Symbol der königlichen Macht. Also wählte der Nguyen-Kaiser Minh Mang im Jahr 1831 einen neutralen Namen: Ha Noi, *Stadt innerhalb der Flüsse.* Mehr als eine geographische Bezeichnung war das nicht. Andererseits war es aber immer die Geographie, die für Hanoi ausschlaggebend war: Die Stadt liegt mit ihren Seen und Kanälen an dem strategisch und verkehrstechnisch entscheidenden Punkt, wo der Rote Fluss beginnt, sich in die vielen Arme seines Deltas zu verästeln. Im Westen schließt der Berg Ba den Horizont ab, dort beginnt das Hochland. Die Konturen der Berge begrenzen die Ebene, in der ein grünes Reisfeld neben dem anderen liegt.

In Hanoi spielt sich das Leben heute hauptsächlich auf der Straße ab. Es pulsiert zu beiden Seiten des Verkehrsstromes, zwischen den Suppen- und Garküchen, den zahlreichen Läden mit gefälschten Markenartikeln, den Kleingewerbebetrieben und den Parks entlang des Seeufers, in denen sich die Stadtbewohner täglich zum Tai Chi versammeln.

links Hanois Opernhaus ist der Pariser Oper nachempfunden und nahm 1911 ihren Betrieb auf
rechts Ähnlichkeiten mit der Notre-Dame in Paris hat die St.-Josefskathedrale (Nha Tho Lon, 1886) in Hanoi. Stolz dürfen die Franzosen auf diese Kirche nicht sein, denn ihre Kolonialherren rissen für den Bau die größte Pagode Hanois nieder

THEMENSTRASSEN: SÜSSIGKEITEN-STRASSE, BAMBUSLEITERN-STRASSE ETC.

In der Altstadt stehen viele Straßen unter einem bestimmten Thema. Es gibt eine Schuhe-Straße, eine Textil-Straße, eine Süßigkeiten-Straße, eine Straße der Bambusleitern. Zwischen den Läden tragen Menschen mit kegelförmigem Strohhut ihre Bambusstange mit zwei Körben an beiden Enden auf der Schulter und transportieren so Obst, Gemüse oder schwere Lasten. Fliegende Händler preisen ihre Waren an, die Mopeds knarren und quietschen, statt Blinkzeichen zu geben, wird gehupt oder mit der Fahrradglocke geläutet, und das alles zusammen ergibt eine ganz spezielle Mischung aus Tönen und Klängen.

Die historische Entwicklung hat in Hanoi deutliche Spuren hinterlassen. Wie in einem aufgeschlagenen Buch lassen sich an zahlreichen Bauwerken die unterschiedlichen Epochen ablesen. In den ersten zwei Jahrhunderten der Ära als Residenzstadt, also in der Zeit bis um das Jahr 1200, entstanden die Bauten, die heute zu den raren Sehenswürdigkeiten zählen. Der Konfuzius gewidmete Literaturtempel ist eine davon. Mit sei-

links Im Hoan-Kiem-See von Hanoi steht die Ein-Säulen-Pagode (Chua Mot Cot), wohl im 11. Jahrhundert entstanden, 1954 mit einem Betonpfeiler neu gebaut
rechts In unmittelbarer Nähe der Ein-Säulen-Pagode, aber auf festem Boden steht die Dien-Huu-Pagode. Der Name bedeutet »viele glückliche Jahre«

nen durch Mauern und Grünanlagen getrennten fünf Innenhöfen bildet er eine Insel der Stille und Ruhe mitten im Strom des Getriebes der Stadt. Hier wurde im Jahr 1076 die erste Universität Vietnams gegründet, in der die Söhne der Mandarine Unterricht erhielten. Aus dieser Zeit – die älteste Pagode der Stadt, die schlank aufragende Tran-Quoc-Pagode wurde wohl im 6. Jahrhundert gegründet – stammt auch die Einsäulenpagode, die ursprünglich auf einem einzigen Pfeiler mit einem Meter Durchmesser errichtet wurde. Das grazile Bauwerk wurde allerdings von den Franzosen zerstört und später originalgetreu wieder aufgebaut.
Die größten baulichen Veränderungen erlebte Hanoi durch die Franzosen. Sie eroberten die Stadt 1873, machten sie ab 1883 zum Verwaltungszentrum der Kolonie Französisch-Indochina und krempelten alles um. Als erstes verpassten sie der Stadt, die zu diesem Zeitpunkt Dong Kinh hieß, den Namen Tunquin, daraus entwickelte sich Tonkin, die Bezeichnung, die auch heute noch für den Nordosten Vietnams gilt. Dann ließen sie ihre Baumaschinen auffahren und beschäftigten ein Heer von Bauarbeitern. Alles, was vom Kaiserpalast und der Zitadelle erhalten war, wurde abgerissen, Seen und Kanäle ganz oder teilweise zugeschüttet und ganze Stadtviertel geschliffen. Südlich der Altstadt entstand eine moderne Verwaltungsstadt nach französischem Vorbild, mit brei-

Hanoi: Der Schildkrötenturm (Thap Rua, 15. Jh.) steht im Hoan-Kiem-See, dem »See des zurückgegebenen Schwertes«
rechts Brücke The Huc – »Brücke der aufgehenden Sonne« – zur Insel des Jadebergtempels auf dem Hoan-Kiem-See

ten, im Schachbrettmuster angelegten Alleen, mehreren Kirchen, öffentlichen Bauten wie der Ecole Française d'Extrême Orient, in der heute das historische Museum untergebracht ist, und eleganten Luxusvillen. 1901–1911 entstand die Oper als verkleinerte Ausgabe ihres Pariser Gegenstücks, 1910 als Treffpunkt der gehobenen Gesellschaft das Hotel Sofitel Metropole, dessen strahlend weiße Fassade weithin leuchtet und in dessen unmittelbarer Umgebung sich neuerdings teure Luxusläden und Designershops etabliert haben. Zu Beginn der 1920er Jahre wurde auch die Universität Hanoi errichtet, damals übrigens die einzige Universität ganz Indochinas.

Zwischen dem französischen Kolonial-Viertel und der Altstadt von Hanoi liegt der 700 Meter lange Hoan Kiem See, der *See des zurückgegebenen Schwertes*, der ursprünglich als Rückstausee des Roten Flusses angelegt worden war. Noch im 18. Jahrhundert war er um ein Vielfaches größer als heute, er besaß einen direkten Zugang zum Roten Fluss, wurde für farbenprächtige Flottenparaden genützt und war durch Kanäle mit den anderen Seen der Stadt verbunden. Zu dieser Zeit schmückten insgesamt 52 Fürstenpaläste seine Ufer. Im Verlauf des 19. und 20. Jahrhundert wurde der See teilweise zugeschüttet.

links Am Westsee (Ho Tay) steht Hanois älteste Pagode Chua Tran Quoc (»Verteidigung des Landes«). Sie wurde wohl im 6. Jh. gegründet und später verlegt
oben Reger Verkehr vor dem Hauptbahnhof von Hanoi

DIE SCHILDKRÖTE, DAS SCHWERT UND DER DRACHE

Der Name des Sees hat mit einer alten Legende zu tun. Anfang des 15. Jahrhunderts, zur Zeit der chinesischen Besatzung, übergab eine riesige, im See lebende goldene Schildkröte dem armen Fischer Le Loi ein Schwert, das ihn unbesiegbar machen sollte. Tatsächlich gelang es ihm, in seinem von 1418–1428 dauernden erbitterten Kampf die chinesischen Truppen der Ming-Dynastie zu schlagen. Le Loi wurde 1428 zum König gekrönt, eine glänzende Siegesparade wurde abgehalten, danach begab sich der junge Herrscher zum See, um den Göttern seinen Dank auszusprechen. Plötzlich tauchte die riesige goldene Schildkröte aus dem See auf und forderte das Schwert zurück. Le Loi zögerte einen Augenblick, da löste sich das Schwert von selbst aus der Scheide, stieg zum Himmel auf und verwandelte sich in einen großen jadefarbenen Drachen, der zuerst über dem See schwebte und dann in die Tiefe stürzte. Le Loi ernannte ihn zum Schutzgeist des Sees. Zum Andenken an dieses Ereignis ließ er auf einer kleinen Insel im See den Thap Rua, den *Schildkrötenturm*, errichten, auch heute noch das Wahrzeichen Hanois. Soweit die Legende. Sie hat allerdings ein merkwürdiges Nachspiel: 1968 wurde eine 2,10 Meter lange und 250 Kilo schwere Schildkröte aus dem See geborgen, deren Alter auf rund 400 Jahre geschätzt wurde. Sie ist heute in ei-

Seiten 82/83 Den »Berg der duftenden Spuren« (Huong Tich Son), auf dem in einer Höhle die Parfümpagode eingerichtet ist, kann man nur mit Pilgerbooten erreichen, die durch ein überflutetes Tal gerudert werden (südwestlich von Hanoi)
Seiten 84–86 Unterwegs auf dem steilen und schweißtreibenden Bergpfad zur Parfümpagode trifft man an die 30 buddhistische Heiligtümer

ner Glasvitrine des Jadeberg-Tempels auf einer kleinen Insel zu bewundern, zu der die Holzbrücke mit dem hübschen Namen *Rote Brücke der aufgehenden Sonne* führt.
Im Januar 1946 beschloss die vietnamesische Nationalversammlung, Hanoi zur Hauptstadt der Demokratischen Republik zu machen. Für die kommenden acht Jahre kam es in der Stadt immer wieder zu erbitterten Kämpfen zwischen der Viet Minh und den Franzosen. Und später, während des Vietnamkrieges, ließen die Amerikaner tonnenweise Bomben auf die Stadt nieder regnen – allein zu Weihnachten 1972 fiel während der Operation *Rolling Thunder* ein Viertel der Stadt in Schutt und Asche.
Heute ist Hanoi die politische Hauptstadt des Landes, Saigon ist die wirtschaftliche. Die Aufsteiger, Karrieremacher und Glücksritter des Asiatischen Wirtschaftswunders haben

門通碧樹開金鎖

觀音閣
佳八境

Hanoi noch nicht entdeckt. Noch schießen keine Wolkenkratzer aus Glas und Stahl in den Himmel, noch sind die meisten Gebäude niedrig und wirken ein bisschen provinziell. In bestimmten Stadtteilen ist auch noch die strenge, nüchterne Atmosphäre des Kommunismus spürbar. Dazu tragen nicht zuletzt das Rathaus und der Kulturpalast bei, die im Stil des sozialistischen Realismus erbaut wurden, und die Wohnviertel, die mit ihren Plattenbauten an die ehemalige DDR erinnern. Ho Chi Minh ist auch allgegenwärtig. Im pompösen Ho-Chi- Minh-Mausoleum werden täglich Besucherschlangen an dem Glassarg mit seinem einbalsamierten Leichnam vorbei geschleust.

Zumindest ebenso großen Zulauf wie die Erinnerungsstätten des großen kommunistischen Führers verzeichnen in dem von Spiritualismus geprägten Vietnam unserer Tage auch die Wallfahrtstempel in der Umgebung von Hanoi. Der mit großem Abstand beliebteste ist die Duftpagode Chua Huong 60 Kilometer südwestlich von Hanoi. In der Zeit von der Mitte des zweiten bis zur letzten Woche des dritten Mondmonats pilgern Tausende Vietnamesen zu diesem Tempel.

Am Beginn der Wallfahrt steht eine Autofahrt zu der Bootsanlegestelle am Ufer des Song Yen, an der für die Pilger eine ganze Armada von Ruderbooten bereit steht. Durch die wildromantische Karstlandschaft geht es auf dem schnell fließenden Fluss bis zu der turbulenten Anlegestelle, von der aus der Berg bestiegen wird. Am Beginn des steilen Felspfades, der immerhin vier Kilometer den Berg der *duftenden Spuren* bergan führt, steht der Tempel Chua Thien Chu, die *Pagode, die zum Himmel führt*. Die Parfüm- oder Duftpagode selbst liegt weit oben am Berg in einer Höhle. Errichtet wurden sie und die anderen malerischen Bauwerke in ihrer Umgebung bereits ab dem 17. Jahrhundert. Ihren Namen erhielt sie wegen des Duftes der zahlreichen Räucherstäbchen, der oft wie eine Wolke des Wohlgeruches über der ganzen Gegend liegt und der noch Tage später an den Kleidern der Pilger haftet.

Cho Binh Tay, eine der beiden großen Märkte Saigons, liegt im Chinesenviertel Cholon
rechts Die Kathedrale Notre-Dame (1880) ist nach wie vor das Zentrum der Römisch-Katholiken in Vietnam
Seiten 90/91 Im französischen Kolonialstil ist das Rathaus von Saigon 1901–1908 erbaut worden

SAIGON – WIRTSCHAFTSMETROPOLE UND CHAOS-CITY

Über sechs Millionen Einwohner und gut die Hälfte davon ständig auf der Straße: In Saigon, amtlich Ho-Chi-Minh-Stadt (Thanh Pho Ho Chi Minh) kämpfen sich Tag für Tag Millionen von Fahrrädern, Mopeds und Cyclos zwischen stinkenden Lastern, überfüllten Bussen, rollenden Verkaufsständen und todesmutigen Fußgängern durch die viel zu engen Straßen. Das einstige »Paris des Ostens« ist heute eine brodelnde, wabernde, knatternde Masse, in der das Chaos ebenso zum Alltag zählt wie die drückend feuchte Hitze.

Schwer zu glauben, aber wahr: Chaos und Hitze scheinen für diese Stadt so etwas wie ein Treibhausklima zu bedeuten. Sie wächst beständig, erlebt im Zug des asiatischen Wirtschaftswunders einen phänomenalen Aufschwung und hat sich rasant zum Finanz- und Wirtschaftszentrum des Landes entwickelt. Wie in Singapur und Kuala Lumpur wachsen Hochhäuser aus Glas und Stahl aus dem Boden und die Devise *bigger, better, higher* gilt auch hier als wichtiges Prinzip. Die Metropole mit anrüchiger Vergan-

genheit ist heute ein schillernder, kosmopolitischer Schmelztiegel, in dem sich China, Frankreich, Amerika und das moderne Asien mischen. Hier pocht das wirtschaftliche Herz Vietnams im gnadenlosen Takt von Marktwirtschaft und ökonomischer Vormachtstellung.

Im Gegensatz zu Hanoi kann Saigon nicht auf eine tausendjährige glänzende Geschichte zurückblicken. Gegründet dürfte es zwar schon zwischen dem ersten und dem sechsten Jahrhundert worden sein, lange, bevor sich in dieser Gegend Vietnamesen befanden, es war aber nicht mehr als ein kleines, schäbiges Fischerdorf inmitten von stickig heißen Sümpfen. Darauf lässt auch sein damaliger Name schließen: Prei Nokor, *Dorf im Wald*. Bis zum 17. Jahrhundert entwickelte sich das Nest dann langsam zu einem Handelszentrum, in dem sich malaiische, chinesische und indische Händler ansiedelten. Der eigentliche Aufschwung kam mit den Vietnamesen, die im 17. Jahrhundert immer weiter nach Süden zogen. Sie errichteten 1698 eine eigene Präfektur, und der Vietnamese Nguyen Phuc Chu wurde damit beauftragt, die Verwaltung neu zu

Der taoistische Tempel Thien Hau (»Tempel der himmlischen Frau«) mit unzähligen Dachfiguren

Wenig Autos, viele Roller und Motorräder
rechts Die Scheinwerferlinien beweisen es: In Saigon sind auch nachts mehr Zweiräder als Autos unterwegs

strukturieren. Das wird als der offizielle Beginn des Aufstieges der Stadt Saigon betrachtet, die bald mit dem chinesischen Handelzentrum Cholon zusammenwuchs.
Einen entscheidenden Wendepunkt brachten Saigon die Franzosen. Im Jahr 1859 hatten im Süden Vietnams französische und spanische Schiffe festgemacht. Von da an rückten die Franzosen immer weiter vor, fest entschlossen, das Land in Besitz zu nehmen. Mit dem Vertrag von Saigon machten sie die Stadt im Jahr 1862 zur Hauptstadt von Cochinchina und zu einem wichtigen Verwaltungszentrum.
Um der Stadt französisches Flair zu verpassen, ließen die Franzosen kaum einen Stein auf dem anderen. Sie legten das sumpfige Umland trocken, bauten Kanäle und schütteten andere zu. Bald entstanden breite, von Orchideen und Orangenbäumen gesäumte Boulevards und prachtvolle Kolonialbauten. Innerhalb weniger Jahre wurde Saigon zur elegantesten und kultiviertesten Stadt Asiens.
Viele dieser Kolonialbauten sind erhalten und noch in Gebrauch. Ihr bedeutendster ist der zwischen 1877 und 1883 entstandene neoromanische Backsteinbau der Kathedrale Notre-Dame, nach wie vor das Zentrum der katholischen Kirche Vietnams. Für die Stahlkonstruktion des Hauptpostamtes, das seinen Betrieb 1891 aufnahm, zeichnete kein Geringerer als Gustav Eiffel verantwortlich. Das mit schönen Glasfenstern ge-

schmückte Amt ist so gut wie unverändert, in den letzten Jahren wurden lediglich die Schalter modernisiert. Und nach der Wiedervereinigung des Landes wurde die Halle mit riesigen Gemälden geschmückt, von einem aus überwacht Onkel Ho die Arbeit der Beamten mit strengem Blick. Nach 16-jähriger Bauzeit wurde 1908 das Rathaus fertig gestellt, ein lang gestreckter Bau, der entfernt an ein Loire-Schlösschen erinnert. Dieses Symbol der französischen Kolonialherrschaft beherbergt auch heute noch die Stadtverwaltung.

SAIGON ODER HO-CHI-MINH-STADT? EINE FRAGE DER IDEOLOGIE!

Nachdem die Viet Minh die Franzosen in der Schlacht von Dien Bien Puh geschlagen hatten, zogen sie 1954 aus Vietnam ab. Zuvor aber setzten sie noch Kaiser Bao Dai ein, der Saigon zur Hauptstadt seines Reiches machte. Nach der Teilung Vietnams wurde Saigon unter Präsident Ngo Dinh Diem zur Hauptstadt Südvietnams.

Saigon, das war auch die Stadt, in deren zwielichtigen Vergnügungsvierteln während des Vietnamkriegs Tausende von amerikanischen Soldaten Prostituierte und dazu Alkohol und alle Arten von Drogen fanden. Die Wirtschaft profitierte, die Dollars flossen

In der Pagode des Jadekaisers (Phuoc-Hai-Tu-Tempel) werden fern aller Religionsdogmen taoistische und buddhistische Gestalten verehrt

in Strömen. Mit dem Ende des Krieges sollte es dann vorbei sein mit dem sündigen Leben. Im Jahr 1975 nahmen die nordvietnamesischen Kräfte die Stadt ein und benannten sie in Ho-Chi-Minh-Stadt um. Für die Kommunisten war das die »Befreiung Saigons«, für die Südvietnamesen und Amerikaner der »Fall Saigons«.

Ob die Stadt Saigon oder Ho-Chi-Minh-Stadt heißt, ist auch heute noch so etwas wie eine Frage der Ideologie. Während die Regierung in Hanoi auf dem offiziellen Namen besteht, fühlen sich die Südvietnamesen dadurch gedemütigt und beharren auf dem al-

ten Namen. Im Alltag wird die Stadt Saigon genannt, und damit basta. Schließlich heißt ja auch der Fluss, der die Stadt durchzieht und an deren Mündung der Hafen liegt, nach wie vor Song Sai Gon.

In den Kriegsjahren der 1970er Jahre hatten Zehntausende Bewohner Südvietnams in Saigon Zuflucht gesucht. Nach Kriegsende kam es dann zu gigantischen Bevölkerungsverschiebungen. Die Kommunisten siedelten über eineinhalb Millionen Städter zwangsweise aufs Land um, in sogenannte *Neue Wirtschaftszonen*. Vielen gelang es später, illegal wieder in die Städte zurückzukehren. Wer die Jahre zuvor mit den Ame-

SG 52299H

LiOA
AUTOMATIC VOLTAGE STABILIZER
VEDAN
COMPAQ

rikanern sympathisiert hatte, wurde in Umerziehungslager geschickt. In dieser Zeit verließen Tausende das Land fluchtartig auf Booten, als *Boat People.*
Die Auswirkungen der seit den 1980ern stattfindenden Liberalisierung (*Doi Moi*) sind nirgends so stark spürbar wie in Ho-Chi-Minh-Stadt. In dieser Stadt, deren 17 Stadt- und fünf Landbezirke sich über die für eine Stadt gigantische Fläche von 2030 Quadratkilometern – Vergleiche: New York City misst 816, Berlin 892 – vom südchinesischen Meer bis an die kambodschanische Grenze erstrecken, brodelt es Tag und Nacht. Besonders in den Stadtbezirken herrscht hektische Betriebsamkeit. Jeder kauft und verkauft, auf den Straßen, bei fliegenden Händlern, in noblen Shops und auf den Märkten. Der berühmteste Markt ist der 1914 errichtete und 1986 renovierte Ben-Thanh-Markt, dessen Markthalle fast so groß ist wie ein ganzer Häuserblock. In der zum Wahrzeichen aufgestiegenen Halle gibt es nichts, was nicht zu kaufen wäre. Von Trockenfrüchten über Elektronik zu Elektrogeräten, Bekleidung, Obst, Gemüse, Fisch und Blumen. Was ausländische Besucher am meisten fasziniert, sind die exotischen Lebensmittel, die ganz speziellen Kulinaria Vietnams.

NICHT REICH AN TOURISTISCHEN ATTRAKTIONEN

Gemessen an der Größe der Stadt, ist sie nicht reich an Sehenswürdigkeiten im touristischen Sinn. Zu besichtigen gibt es dennoch einiges. Den Wiedervereinigungspalast zum Beispiel, der 1966 anstelle der bei einem Putschversuch bombardierten Residenz des französischen Gouverneurs errichtet wurde und Ngo Dinh Diem als Regierungssitz diente. Die Kommunisten sahen in dem Protz- und Prunkbau ein Symbol der Dekadenz seines Regimes. Heute ist in dem seit 1975 unveränderten Palast ein Museum der Zeitgeschichte untergebracht. Kriegerisch geht es auch im Museum für Kriegsverbrechen in der einstigen Zentrale des amerikanischen Geheimdienstes zu. Und der 40 Kilometer außerhalb im Nordwesten der Stadt bei Cu Chi gelegene und für Touristen freigegebene Teil des unglaubliche 200 Kilometer langen, mehrstöckigen Tunnelsystems lässt auch heute noch die Härten der vietnamesischen Kriege erahnen. Mit dem Bau der Tunnel hatten die Vietnamesen schon in den 1940er Jahren im Widerstand gegen die Franzosen begonnen, später hatten sie das System im Kampf gegen die Amerikaner erweitert.
Das urbane Zentrum von Ho-Chi-Minh-Stadt liegt in der Umgebung des Rex Hotels. Die Halle dieses im Jahr 1960 an der Ecke zum Rathaus errichteten Hotels war im Vietnamkrieg Schauplatz der Pressekonferenzen, und sein Dachgarten, der heute übrigens ein

elegantes Restaurant beherbergt, war ein legendärer Treffpunkt der Kriegsberichterstatter. Die nahe gelegene Dong Khoi war schon zu Zeiten der französischen Kolonialherrschaft so etwas wie die Amüsiermeile der Stadt, damals hieß sie Rue Catinat. Das 1880 eröffnete Hotel Continental war der Treffpunkt der eleganten Welt. Im Vietnamkrieg reihten sich in dieser Straße die Bars und Bordelle aneinander, in denen die US-Soldaten verkehrten. Dank *Doi Moi* kehrt die alte Leichtlebigkeit mit Bars, Restaurants, netten Läden und teuren Designer-Shops in die nunmehrige *Straße des Aufstands* zurück. Anders ist es in der Parallelstraße Nguyen Hue, die unter dem Namen *Boulevard Charner* als die Champs Elysées von Saigon galt. Hier braust der Verkehr mit grausamer Vehemenz durch.
Zitat aus einer Reportage des *Spiegel* über den bizarrsten Musikclub in Ho-Tschi-Minh-Stadt: »Ein Jahr gibt es ihn schon, aber er heißt noch immer Khong Ten – *Ohne Namen*. Das sei kein Wunder, sagt der Gast Vu Minh Anh. In Saigon rase im Moment alles so schnell, dass man mit der Etikettierung nirgends mehr nachkomme. Anh kommt oft in den Club, er mag das neue Lebensgefühl, das sich hier austobt.«
Der wohl bunteste und turbulenteste Teil von Saigon ist Cholon, Chinatown. Noch um die Jahrhundertwende lag hier das anrüchige Vergnügungsviertel mit Opiumhöhlen und Bordellen, in dem kein Laster zu kurz kam. Ab den 1950er Jahren nützten die Untergrundkämpfer der Viet Minh das ständige Getümmel in den Straßen, um untertauchen zu können. Heute lebt in diesem Stadtteil rund eine halbe Million ethnischer Chinesen aus den verschiedensten Teilen Chinas und macht dem Namen Cholon, *Großer Markt*, alle Ehre, und das nicht nur im eigentlichen Zentrum um den riesigen Bau des Binh-Tay-Marktes. Chinesische Apotheken, Restaurants und Geschäfte bilden in allen Straßen Cholons ein buntes Durcheinander von Farben, Gerüchen und Geräuschen. Wie Inseln der Ruhe und der Andacht liegen zahlreiche Pagoden, Schreine, Tempel und Moscheen in diesem Viertel. Der größte ist der Tempel Thien Hau, er wurde Ende des 18. Jahrhunderts von der kantonesischen Gemeinde errichtet und der Himmelkönigin geweiht.
Die Wochenende werden in Ho-Chi-Minh-Stadt kaum verschlafen, vor allem nicht von der Jugend. Sonntagabends geht im Stadtzentrum die Post ab. Jugendliche brausen auf ihren Fahrrädern, Mopeds oder Motorrädern durch die Straßen, je größer der Lärm, desto besser. Um das Stadttheater herum treffen sich die Hipsters. In den größeren Hotels gibt es Diskos und Karaoke, in Bars wie dem Hard Rock Café ertönt laute westliche Musik und im Rex Hotel wird getanzt.
Aber das sind nur die unschuldigen Vergnügen. Im Dunkel der Nacht geschehen in Saigon auch weit weniger harmlose Dinge. Die Stadt gilt als Hochburg von Kriminalität, Korruption, Drogenhandel und Prostitution – und die Zahl der HIV-Infektionen nimmt auch hier dramatisch zu.

Drachenboote warten in Hue am Parfümfluss (auch Fluss der Wohlgerüche, Song Huong) auf Ausflugsgäste

HUE – KAISERSTADT DER HARMONIE

An der Stelle, wo sich Vietnam zur Wespentaille einschnürt und zwischen dem Meer und der Grenze zu Laos lediglich 80 Kilometer breit ist, liegt die Stadt Hue, das geistige und kulturelle Herz Vietnams. Ihr Name bedeutet übersetzt *Harmonie*, und das hat seine Berechtigung.

Das rund 350 000 Einwohner zählende Hue wirkt besonders im Vergleich zu Saigon und Hanoi ruhig und stressfrei. Der Verkehr fließt ebenso friedlich und gelassen dahin wie der breite *Parfümfluss*, der *Fluss der Wohlgerüche*, der die Stadt in zwei Teile teilt. An seinem rechten Ufer liegt das Kolonialviertel mit dem lebendigen Kulturbezirk Vi Da, gegenüber die Altstadt mit der Zitadelle, den mächtigen Befestigungsmauern und Wassergräben. Viele der schönen alten Gebäude spiegeln sich im grünen Wasser des Flusses wider, das lässt Hue romantisch erscheinen, verträumt nahezu.

Zwischen Hue und Da Nang im Süden verläuft am Wolkenpass die ausgeprägte Wetterscheide, die der Stadt der Dichter, Denker und Künstler feucht-tropisches Klima beschert. In Hue fallen große Mengen an Niederschlag, und das praktisch in allen Monaten des Jahres. Eine Besonderheit ist der fein nieselnde »Mangoregen«, der zwar kaum zu sehen ist, der sämtliche Kleider aber innerhalb kürzester Zeit bis auf den letzten Faden durchnässt. Der Stadt schaden weder der Regen, noch die oft tief hängenden Wolken. Ganz im Gegenteil, das weiche Licht, die oft nass glänzenden Steinplatten der Gehwege und das in der feuchten Wärme üppig sprießende Grün verleihen ihr eine ganz besondere Atmosphäre.

Das Mittagstor (Ngo Mon) war der Eingangstorpalast zur Kaiserstadt in Hue

Auch wenn die meisten der beeindruckenden Bauwerke, die von der UNESCO zum Weltkulturerbe erklärt wurden, kaum älter sind als 200 Jahre, hat die Stadt eine große Vergangenheit hinter sich. Bis zum 11. Jahrhundert galt sie als eine der führenden Städte des Champa-Reiches. Im 17. Jahrhundert gab ihr die Fürstenfamilie der Nguyen den Namen Phu Xuan und erwählte sie zu ihrem Hauptsitz. Als sich die Nguyen gegen ihre Widersacher durchsetzen und Königswürden erlangen konnten, wurde sie Mitte des 18. Jahrhunderts zur Königsstadt. Ihre glänzendste Zeit aber erlebte sie in der Zeit von 1802 bis 1945, in dieser Zeit diente sie dem nunmehr als letzte Kaiserdynastie Vietnams regierenden Haus Nguyen unter dem neuen Namen Hue als Haupt- und Residenzstadt.
So idyllisch die Stadt heute auch wirkt, so schwer waren die Turbulenzen, die sie in den vergangenen zwei Jahrhunderten zu überstehen hatte. Schon 33 Jahre nach der Inthronisation der Nguyen-Kaiser eroberten die Franzosen im Jahr 1835 die Stadt. Die Bevölkerung nahm das nicht widerspruchslos hin, es kam immer wieder zu heftigen und oft auch blutigen Demonstrationen gegen die Kolonialherren. 1945 besetzten die Japaner die Stadt, und 1954 wurde Hue der Regierung Südvietnams unterstellt. Im Mai 1963 führte die anti-buddhistische Haltung des grausamen Diem-Regimes zu schweren Protestaktionen in Hue, das immer als Hochburg des Buddhismus gegolten hatte. Die Demonstrationen forderten sogar Todesopfer, in der Folge kam es in ganz Vietnam zu Selbstverbrennungen buddhistischer Mönche – nicht zu vergleichen mit heutigen Selbstmordattentätern: Die Mönche töteten nur sich selber und rissen keine Unbeteiligten mit in den Tod. Während der Tet-Offensive im Januar und Februar 1968 schließlich wurden zahlreiche historische Gebäude und Kunstschätze schwer beschädigt.

Seiten 104/105 Drachen auf dem Dach der Halle zur Höchsten Harmonie (Dien Thai Hoa) symbolisieren die Macht der Kaiser
oben Die kaiserliche Bibliothek
rechts Vier der Neun Dynastischen Urnen aus Bronze, jede etwa zwei Meter hoch

KAISERBEFEHL: MACHT DIE SCHÖNSTE STADT DER WELT!

Als Gia Long, der erste Nguyen-Kaiser, im Jahr 1802 den Thron bestieg, setzte er sich ein hohes Ziel: Er beschloss, Hue zur schönsten Stadt der bekannten Welt zu machen. Nach dem Vorbild des Kaiserpalastes in Peking nahm er den Ausbau der Zitadelle und der Kaiserstadt in Angriff. Es dauerte knapp 30 Jahre, bis die Schutzmauern fertig gestellt waren, aber dann besaß Hue mit der acht Meter hohen, 20 Meter dicken und elf Kilometer langen Außenmauer der Zitadelle mit elf Toren und 24 Wachtürmen ein uneinnehmbares Bollwerk. Diese gewaltige Mauer umschloss die Kaiserstadt Dai Noi, einen in drei Teile gegliederten Ministaat in der Stadt, mit Palästen, Tempeln, Gärten und Beamtenwohnungen.

Die *Verbotene Purpurstadt*, der eigentliche Wohnpalast des Kaisers und seiner Familie – Konkubinen inklusive – fiel mit ihren Palästen, Tempeln und Gärten während der Tet-Offensive in Schutt und Asche, bisher konnte nur die Bibliothek restauriert werden. Auch die sie umgebende vier Meter hohe, zweieinhalb Meter dicke Innere Schutzmauer, die einst sieben mächtige Tore besaß, gibt es nicht mehr. Eines der schönsten Tore dieser Mauer wurde allerdings restauriert, das aus Granit errichtete Mittagstor mit dem Wachturm der fünf Phönixe. Von diesem Tor aus sind die neun heiligen Kanonen zu sehen, je zwölf Tonnen schwere Monster als Schutz für die *Gelbe Stadt* und Symbole für die fünf Grundelemente und die vier Jahreszeiten.

Vom Mittagstor führt die *Brücke des Goldenen Wassers*, deren Benützung ausschließlich dem Kaiser vorbehalten war, zum *Palast der Höchsten Harmonie*, in dem die feierlichen Hofzeremonien und offiziellen Empfänge stattfanden. Dieser Teil der Kaiserstadt ist erhalten. Er fasziniert auch heute noch durch das mit Drachen reich geschmückte Dach, die 80 rot lackierten Säulen, den überreichen Schmuck der Decken und Balken aus rotem Lack und goldenen Intarsien und den Mandarinsaal. Im Garten stehen mehrere, verschiedenen Fürsten geweihte Tempel und Pavillons der Mandarine. Etwas ganz Außergewöhnliches ist die Reihe der Neun Dynastischen Urnen vor der

links Blick zum siebenstöckigen Turm (Phuoc Duyen) der Pagode der Himmelskönigin (Thien Mu). Jedes Stockwerk versinnbildlicht eine Inkarnation Buddhas

oben Im Mausoleum des Khai Dinh

Seiten 110/111 Von französischer Architektur beeinflusst ist das Mausoleum von Kaiser Khai Dinh (regierte 1916–1925), einem willfährigen Satrapen der Franzosen

Fassade eines Prunkpavillons. Die einzelnen Bronzegefäße wiegen bis zu 2600 Kilo, sie sind mit unterschiedlichsten Abbildungen der Natur und der Mythen Vietnams geschmückt.

Das eigentliche Wahrzeichen von Hue überragt die Stadt von einem Hügel am linken Flussufer aus. Die 21 Meter hohe Thien-Mu-Pagode, die *Pagode der Himmelskönigin*, wurde im Jahr 1601 von dem hohen Adeligen Nguyen Hoang errichtet, dem Urvater der Nguyen-Dynastie, und zwar an einer Stelle, die über besondere Erdkräfte verfügt, wo die *Adern der Drachen zusammenlaufen*. Die sieben Ebenen der achteckigen Pagode symbolisieren die Reinkarnationen Buddhas.

In den Tempeln, die in den weitläufigen Landschaftsgärten um die Pagode liegen, machten sich die Adern der Drachen in den 1960er Jahren deutlich bemerkbar. Die Mönche dieses Klosters bildeten im Unabhängigkeitskampf ein Zentrum des Widerstandes. Diese Haltung ist unvergessen. So ist der alte Austin, in dem der Mönch Thich Quang Duc 1963 in Saigon zu einer Kreuzung fuhr und sich dann öffentlich verbrannte, in einem Seitentempel noch immer aufgebockt und wird ehrfurchtsvoll besucht.

億年鍾旺氣江山長護
四面獻奇觀風景

Sieben Kilometer von Hue entfernt liegt am Parfümfluss die Grabanlage von Kaiser Tu Duc (regierte 1847–1883), der von einer Ehefrau und über 100 Konkubinen umgeben war – aber kein einziges Kind zeugte

SIEBEN KAISERMAUSOLEEN – JEDES MIT PAVILLON, TEMPEL UND EHRENHOF

Glanz, Prunk und Pomp der Nguyen-Dynastie sind bei den Kaisergräbern im Süden der Stadt auch heute noch deutlich spürbar. Von den 13 Herrschern dieser Dynastie regierten nur sieben bis zu ihrem Tod, und nur sie fanden in den Grabstätten an den Ufern des *Wohlriechenden Flusses* oder in der sanften Hügellandschaft ihre letzte Ruhe. Jedes dieser Kaisergräber besteht aus einem Eingangspavillon, einem Tempel mit Altären für den Ahnenkult, einem Ehrenhof, der mit Steinstatuen geschmückt ist, die Elefanten, gesattelte Pferde, Mandarine, Drachen und Phönixe darstellen, und dem eigentlichen, umfriedeten Grab.

Die Eingangspavillons wurden von den Kaisern schon zu Lebzeiten genützt. So liebten es Gia Long oder Thieu Tri, vom Pavillon aus den Fortschritt der Bauarbeiten zu beobachten oder genossen dort an heißen Sommertagen die frische Brise, die vom Fluss heraufweht. Tu Duc ließ sich zu seinem Mausoleum sogar zwei Seepavillons errichten, um dort baden, fischen, oder dichten zu können.

Kaiser Tu Ducs Mausoleum zählt zu den schönsten Werken der Grabbaukunst überhaupt. Das harmonisch in die Landschaft eingeschmiegte Mausoleum ist von einer Mauer umgeben und stellt eigentlich einen Königspalast im Kleinformat dar. Zwischen

Vor und im Mausoleum des Kaisers Minh Mang (regierte 1820–1841), das zwölf Kilometer von Hue entfernt ist. Dieser Kaiser war Vater von 142 Kindern

Markt in Hue · *rechts* Auch in Hue sind Singvögel beliebte Hausgenossen

den zahlreichen Gebäuden grünen Mandelbäume und auf mehreren künstlich angelegten, von Brücken überspannten Seen blühen Seerosen und Lotosblüten. Auch die Terrasse mit den Steinfiguren strahlt Ruhe und erhabene Eleganz aus. Das eigentliche Grab, das aus rituellen Gründen nicht betreten werden darf, liegt verborgen in einem Kiefernhain.

Zwar nicht das eleganteste, wohl aber das eigenartigste der Kaisergräber ist das Mausoleum Khai Dinhs. Der nach elfjähriger Bauzeit 1925 fertig gestellte Stahlbetonbau stellt eine abenteuerliche Mischung aus europäischen, vietnamesischen und orientalischen Elementen dar. Eine mächtige, nahezu himmelstürmende Treppe mit Drachengeländer führt zu einer ersten Plattform, eine weitere zu dem steinernen Ehrenhof, in dem Statuen ziviler und militärischer Mandarine wachen, erstere tragen quadratische, zweitere runde Mützen, sogar die Gesichter zeigen teils europäische, teils asiatische Züge. Im Inneren nimmt der Stilmix erst recht groteske Formern an: Hier scheinen sich die Kacheln, Bilder und Glasintarsien einen Wettbewerb um die am wenigsten harmonisierende Farbzusammenstellung zu liefern.

Das Mausoleum von Kaiser Minh Mang bildet dazu einen wohltuenden Gegensatz. Ab dem Jahr 1841 am Zusammenfluss zweier Nebenarme des *Flusses der Wohlgerüche* erbaut, verbinden sich die Tore, die Pavillons und der Skulpturenschmuck mit dem Park und den beiden Seen zu einem Ort ganz außergewöhnlicher Schönheit und Harmonie, an dem es sich gut Ruhe und Stille tanken lässt.

Das ist auch notwendig, denn der Tagesausflug zu einem der wichtigsten Schauplätze der neueren blutigen Geschichte Vietnams erfordert einiges an Nervenkraft. Rund 100 Kilometer nördlich von Hue verlief zu beiden Seiten des Song Ben Hai die acht Kilometer breite Demilitarisierte Zone DMZ. 1954 in der Genfer Indochinakonferenz entlang des 16. Breitengrades als vorläufige Grenze zwischen Nord- und Südvietnam festgelegt, entwickelte sie sich zur schicksalhaften Trennungslinie zwischen den beiden Landesteilen und ihren Ideologien. Die DMZ wurde im Vietnamkrieg zum Schauplatz der heftigsten Kämpfe. In Khe Sanh und Con Thien sind auch heute noch verlassene Camps der Amerikaner zu sehen. Gut zu erkennen sind in diesem Gebiet auch noch Teile des Ho-Chi-Minh-Pfades, auf dem der Nachschub aus dem kommunistischen Norden durch den Dschungel in den Süden transportiert wurde. Er war die Ursache für die wahnwitzigen Entlaubungsaktionen der Amerikaner mit dioxinhaltigen Chemikalien. Zum Schutz davor wurden weitläufige Tunnelsysteme gegraben. Bei Vinh Moc können 2,5 Kilometer lange Tunnel besichtigt werden, in denen bis zu 300 Menschen monatelang lebten. Allein die Tatsache, dass in diesen engen, finsteren Stollen im Laufe der Jahre 17 Babys zur Welt kamen, sorgt für Gänsehaut ...

Auf einem der unzähligen Flussarme des Mekong
Seiten 118/119 Wohnruderboote aus Bambusgeflecht

MEKONG-DELTA – REISSCHÜSSEL UND GEMÜSEKORB

Heiß, feucht und unglaublich fruchtbar: Rund 70 Kilometer südlich von Saigon beginnt die Region, in der sich die Lebensader Indochinas, der Mekong, durch sattgrüne Reisfelder und üppige Gemüsegärten zieht. Hier scheint die Zeit still zu stehen. Goldgelbe Reisstrohbündel, einfache Hütten aus Stroh und Bambus, breite Flussarme und enge Kanäle, schwimmende Märkte, Pagoden und Tempel, all das schafft eine Atmosphäre ländlicher Ruhe weit ab von städtischem Getriebe.

Nach über 4500 Kilometern von der Quelle im tibetanischen Hochland spaltet sich der Mekong, einer der längsten Flüsse der Welt, im Süden Vietnams in neun Arme auf. Die Vietnamesen nennen sie *neun Drachen*, vielleicht, weil sie ihr Wasser ins Südchinesische Meer speien, und das vor allem zu Zeiten großer Überschwemmungen mit gnadenloser, alles mitreißender Vehemenz.

Auch das Delta des Mekong ist mit 39000 Quadratkilometern eines der größten Erde. Der Strom bringt auf seiner langen Reise Unmengen an Sedimenten mit, sie haben das riesige Delta im Laufe der Zeit geformt, damit ist seine Geschichte aber noch lange nicht zu Ende. Es wächst weiter, pro Jahr schiebt es sich auch jetzt noch um rund 80 Meter

ins Meer hinaus, so entsteht immer neues, fruchtbares Ackerland. Zwischen Januar und März liegen die Temperaturen im Mekong-Delta im erträglichen Bereich zwischen 22 und 34 Grad. Dann aber beginnt es zu regnen, von Juli bis Oktober sogar heftig. Zu dieser Zeit wälzen sich im Strom und in seinen Nebenarmen gigantische Wassermassen dem Meer zu, in Spitzenzeiten bis zu 38 000 Kubikmeter pro Sekunde. Oft kommt es auch zu Überschwemmungen, die das flache, meist nur ein bis zwei Meter über dem Meeresspiegel liegende Land meterhoch unter Wasser setzen.
Mit den Niederschlägen steigt die Luftfeuchtigkeit. Was europäischen Reisenden aber den Atem abschnürt, erweist sich für das flache Land am Fluss als Segen. Die Hitze, die Feuchtigkeit und die Sedimente, die der Mekong ähnlich wie der Nil in Ägypten während der Überschwemmungen oder infolge künstlicher Wasserumleitungen auf das Land verteilt und die einen hervorragenden Dünger abgeben, machen dieses Gebiet zur fruchtbarsten Region Vietnams. Reis wird hier bis zu dreimal jährlich geerntet, und Obst und Gemüse gedeihen in bunter, üppiger Vielfalt.
Das Mekong-Delta zu bereisen, war lange ein mühseliges Unterfangen. Es gab kaum Straßen und Brücken, die über die unzähligen Flussarme führenden Fähren verkehrten nur unregelmäßig, das bedingte oft stundenlange Wartezeiten in der Backofenhitze. Und bei Hochwasser brach der Verkehr überhaupt zusammen.

5000 KILOMETER WASSERWEGE

Heute sind die zwölf Deltaprovinzen durch ein für vietnamesische Verhältnisse gut ausgebautes Straßennetz miteinander verbunden. Zur Überquerung der Flussarme stehen rund 100 Fähren zur Verfügung, einige große Brücken überspannen die Wasserarme bereits und weitere sind in Bau. Die gängigste Art, sich fortzubewegen, bieten aber nach wie vor die insgesamt 5000 Kilometer langen Wasserwege. Auf den zahlreichen Flussarmen und in den Kanälen tuckern permanent zahllose Barken und Sampans dahin, kleine, offene Ruderboote aus Bambusgeflecht. Auf dem Wasserweg gibt es auch Verkehrsverbindungen nach Ho-Chi-Minh-Stadt und sogar nach Phnom Penh, in die Hauptstadt Kambodschas.
Das Mekong-Delta war in prähistorischer Zeit nur spärlich besiedelt. In dem von Malaria geplagten Sumpfland lebten hauptsächlich Khmer in einfachen Behausungen. Erst im 16. Jahrhundert, zu Zeiten der Nguyen, tauchten die ersten Viet auf. Sie begannen, das Land urbar zu machen und legten ein dichtes Netz von kleineren Kanälen und zwei große Kanalsysteme an. Während des Vietnamkrieges wurde das Mekong-Delta für Tausende GIs zur Tropenhölle. Es war einer der Hauptschauplätze der Kampfhandlungen zwischen den FNL-Guerilla und den Amerikanern.

Eine der 100 Fähren im Delta
rechts Die schiffbaren Wasserwege im Delta sind 5000 Kilometer lang

Die Bevölkerung des Deltas stellt heute eine bunte Mischung dar: Den Hauptanteil bilden Vietnamesen, rund 15 Prozent sind Khmer, fünf Prozent Chinesen, dazu gibt es auch noch Cham. Entsprechend sind auch die Religionen: Buddhisten, Anhänger des Cao Dai und Hoa Hoa, Katholiken und Muslime haben eine Unzahl von Tempeln und Pagoden, Kirchen und Moscheen errichtet.

Relativ früh entstanden auch schon die ersten Bewässerungsanlagen, mit deren Hilfe Wasser in Gräben gepumpt wurde, die rings um die Reisfelder verliefen. Das System funktioniert auch heute noch: Wasser wird aus den Gräben geschöpft, es überflutet die Felder, und die Reispflanzen werden per Hand eingesetzt. Später werden die Felder trockengelegt, dann beginnen die Reisbauern mit der Ernte, wieder von früh bis spät in gebückter Haltung, und wieder per Hand selbstverständlich. Die Ernte wird dann in riesigen Planen entlang der Felder zum Trocknen ausgelegt. Auf diese Art wird jedes Jahr die ungeheure Menge von rund 16 Millionen Tonnen Reis produziert, das hat der Region den Namen die *Reisschüssel Vietnams* eingetragen.

Der Reis ist aber bei weitem nicht der einzige Reichtum dieses fruchtbaren Landes. Das Delta ist zugleich auch der größte Gemüsekorb und der üppigste Obstgarten Vietnams. Sojabohnen, Erdnüsse, Manjok, Kürbis, Kraut, Kohl, Sesam, Ananas, Melonen, Durian-Früchte, Tabak, Litschies, Mango, Papaya, das alles und viel mehr gedeiht hier prächtig – und schmeckt dank des fruchtbaren Bodens und des günstigen Klimas besonders aromatisch.

Die größten Obstgärten besitzt die Provinzhauptstadt My Tho, das Tor zum Mekong-Delta. Zwischen Saigon und dieser Stadt verkehrte einst die erste Eisenbahn Vietnams, sie wurde aber 1958 eingestellt. Jetzt ist My Tho von Ho-Chi-Minh-Stadt aus am besten per Schiff erreichbar, und so eine Fahrt kann recht vergnüglich sein. Vom Ufer her winken Kinder europäischen *Langnasen* fröhlich zu, andere versuchen, das Schiff am Ufer mit dem Fahrrad zu begleiten.

SCHWIMMENDE DÖRFER UND MÄRKTE

In My Tho werden die landwirtschaftlichen Produkte im Stadtzentrum auf einem riesigen Markt angeboten, der sich über mehrere Straßen erstreckt. Für das Mekong-Delta ist aber eine andere Art von Markt typisch: Zwischen üppiger Tropenvegetation schaukeln auf unzähligen Kanälen und Nebenarmen die sogenannten *Boatvillages* und *Floating Markets*, das sind schwimmende Dörfer und Märkte. Die Boote liegen dicht an dicht, manche tragen Behausungen, in denen Familien das ganze Jahr über leben, andere sind beladen mit Marktware, silbrig glänzendem Fisch, Meeresfrüchten, aromatischen Gewürzen wie Pfeffer, Chili, Minze, Koriander, Knoblauch, verschiedensten Obst- und Gemüsesorten. Die Boote dienen zugleich als Auslage und Verkaufsstand, verhandelt und gefeilscht wird von Boot zu Boot. Einer der schönsten und buntesten schwimmenden Märkte ist der von Vinh Long. Die im Herzen des Mekong-Deltas ge-

legene Stadt, die auch einige interessante Tempel und Pagoden besitzt, liegt an einem breiten Flussarm und ist außerdem von einem dichten Netz von Kanälen durchzogen, insgesamt überragt sie den Wasserspiegel lediglich um zwei Meter.

In einem Boot den Fluss entlang und durch die engen Kanäle zu fahren, die zu beiden Seiten von Obst- und Gemüsegärten gesäumt sind, wird hier zu einem besonderen Erlebnis. Das Wasser, der süße Duft nach Mangos und Mandarinen, bunte Dörfer, Scharen lachender Kinder, gackernde Hühner und quiekende Schweine, der Alltag des bäuerlichen Lebens, der sich am Ufer in all seiner Einfachheit und Mühsal abspielt, das alles läuft vor den Augen des Besuchers aus der Ersten Welt ab wie ein bunter, exotischer Film.

Einen krassen Gegensatz dazu stellt Can Tho dar, die modernste Stadt des Deltas. Diese um 300 000 Einwohner zählende Stadt erlebt einen gewaltigen Bauboom, sie gibt sich modern und zukunftsorientiert. Nicht ganz zu Unrecht, schließlich besitzt sie die einzige Universität des Deltas, und die hat sich auf moderne Agrarforschung spezialisiert.

Einen starken Kontrast zu den fruchtbaren und dicht besiedelten Regionen des Mekong-Deltas bilden die Mangrovensümpfe der Provinz Ca Mau ganz im Süden. Hier spielt sich das Leben so gut wie ausschließlich auf dem Wasser ab. Die Hütten der Bauern sind auf Pfählen errichtet, jede auch noch so kleine Hütte hat einen Zugang zu einem Wasserweg, vom Land her sind die wenigsten erreichbar.

Ein wahres Juwel von spektakulär schöner Landschaft ist Phu Quoc. Rund 40 Kilometer westlich des Mekong-Deltas im Golf von Thailand gelegen, ist diese von 60 000

Seiten 124/125 Pflügen mit Wasserbüffel
links Das äußerst fruchtbare Mekong-Delta ist die »Reisschüssel Vietnams«, bis dreimal im Jahr kann geerntet werden
oben Sieht aus wie ein Palast, ist aber die 1820 gegründete und ständig ausgebaute Pagode Vinh Trang am Rand der Stadt My Tho im Delta

Menschen bewohnte Insel, die zu einem Archipel von insgesamt 16 Inseln gehört, näher bei Kambodscha als bei Vietnam und wird daher vom Nachbarland immer wieder beansprucht. Bisher war sie vor allem durch ihre besonders aromatische Fischsoße berühmt, über 90 Betriebe beschäftigen sich mit der Herstellung von *nuoc mam*.
Anfang der 2000er Jahre ist die Insel aber vom Tourismus entdeckt worden, und das ist kein Wunder. Die steil abfallenden pittoresken Berge, die langen weißen Sandstrände, an denen sich die hohen Kokospalmen in der sanften Brise wiegen und das tiefblaue Meer qualifizieren diese Insel als tropisches Paradies. Schon sind an den Stränden mehrere exklusive Hotelanlagen entstanden, es gibt eine Flugverbindung von Ho-Chi-Minh-Stadt aus, und es wird weiter gebaut. Geschützt ist zumindest ein Teil des Inneren der Insel: Im Jahr 2001 wurde die hügelige, fast menschenleer Dschungellandschaft im Nordosten mit ihrer ganz besonderen Flora und Fauna zum Nationalpark erklärt.

NHA TRANG – VIETNAMS NIZZA

Kilometerlange Sandstrände, sauberes Wasser, hohe Wellen und eine riesige Flotte von Fischerbooten, die Tag für Tag köstliche frische Meeresfrüchte an Land bringt: Nha Trang ist ein liebenswerter Urlaubsort, in dem alle Zeichen auf Erholung und Entspannung stehen. Einige Luxus-Resorts und Hotels gibt es zwar bereits, die Strände sind aber bei weitem noch nicht überlaufen und von nervendem Tourismus-Rummel kann auch noch keine Rede sein.

Die eine Viertelmillion Einwohner zählende Stadt Nha Trang wird oft als das »Nizza Vietnams« bezeichnet, und das hat seine Gründe. Die umgeben von einer überaus reizvollen Landschaft pittoresk an der Mündung des Flusses Cai gelegene Stadt besitzt große Büro- und Wohnblocks und breite Straßen und in manchen Vierteln reihen sich Cafés, Discos und Karaoke-Bars aneinander. So sehr der Verkehr mit seinen Tausenden Mopeds in den Straßen auch einen Vorgeschmack auf das Fegefeuer vermittelt, so sehr

links Nha Thrang an der südlichen Zentralküste: Sechs Kilometer Sandstrand mit Palmen und tiefblauem Meer (s. auch Bild auf Seite 1)
oben Nha Trang: Brücken über den Cai-Fluss, der hier ins Meer mündet

ergeben sich nur wenige Schritte außerhalb des Zentrums paradiesische Ausblicke: Zwischen der Stadt und dem Meer liegt ein herrlicher, breiter Sandstrand, über sechs Kilometer lang und von hohen Palmen gesäumt.

Historisch gesehen war Nha Trang einst ein Zentrum des von dem malaiisch-polynesischen Volk der Cham im 2. Jahrhundert v. Chr. gegründeten Champa-Reiches. Die Cham waren hervorragende Seefahrer und Händler, sie hatten Handelsbeziehungen zu China, Java und Indien. Von dort brachten sie auch den Hinduismus mit und ihre ganz besondere Art, Tempel zu bauen, die Cham-Türme. Sie bestehen aus einem zentralen Heiligtum auf quadratischem Unterbau, einem schlanken, mit Säulen und Figuren geschmückten Turm und einem dreistufigen Dach, das den heiligen Berg Meru symbolisiert. (Mehr dazu im Kapitel *Die Cham – ihre Reiche und ihre Kultur*.)

Das Reich Champa hatte ab dem 5. Jahrhundert mit chinesischen Invasoren zu kämpfen. Von den Chinesen konnte es sich zwar wieder befreien, als ab dem 10. Jh. aber die Viet immer weiter in den Süden vordrangen und Cham-Gebiete beanspruchten, waren

links Nha Trang: einer der ursprünglich acht Türme der Thap-Ba-Tempelanlage (auch Po-Nagar-Türme genannt), die vom 7. bis 12. Jahrhundert erbaut wurdeno
oben Nagar, die Cham-Muttergöttin, der das Hauptheiligtum der Tempelanlage Thap Ba gewidmet ist, wird auch heute noch verehrt

sie weniger erfolgreich. Im Jahr 1471 eroberten Armeen der vietnamesischen Le-Dynastie die gesamte Region, und die Cham mussten sich zurückziehen. Als die Vietnamesen das Gebiet im 18. Jahrhundert vollends unter ihre Herrschaft brachten, verließen die Cham das Land endgültig und siedelten sich im Gebiet von Kambodscha an. Die heutige Stadt Nha Trang ist relativ jung, sie wurde erst im Jahr 1924 gegründet. Inzwischen hat sie sich rapide entwickelt, sie wurde als Hauptstadt der Provinz Khanh Hoa zu einem florierenden Wirtschaftszentrum – nicht zuletzt, weil diese Provinz auf Grund ihrer hervorragenden landwirtschaftlichen Produkte zu einer der reichsten des Landes zählt. In der Umgebung von Nha Trang schließt ein Reisfeld an das andere an, es gibt riesige Plantagen für Tee und Zuckerrohr, Obst und Gemüse gedeihen in erstklassiger Qualität, und außerdem stellt die Gewinnung von Salz eine wichtige Einnahmequelle dar. Wenige Kilometer südlich von Nha Trang wird in Hon Khoi Meersalz gewonnen und um den 50 Kilometer entfernten, natürlichen Tiefseehafen Cam Ranh, der den Amerikanern im Vietnamkrieg als wichtige Militärbasis diente, erstrecken sich Salzgärten über die gigantische Fläche von 300 Hektar, sie liefern pro Jahr mehr als eine halbe Million Tonnen Salz.

Das, wofür Nha Trang im ganzen Land berühmt und beliebt ist, sind seine Fischereiprodukte, und da vor allem seine Meeresfrüchte. In den Buchten, an den Stränden, im seichten Wasser zwischen den Korallenbänken und in den Tiefen des Südchinesischen Meeres werden alle Methoden von Fischfang betrieben, die es nur gibt. Rund 10 000 Fischerboote und Dschunken, die meisten in den Farben dunkelrot, blau und weiß lackiert, gehen Tag für Tag auf Fischzug, zusätzlich wird an den Stränden nach Krebsen und Krabben gejagt. Was den Fischern in die Netze geht, ist neben herkömmlichem Fisch wie Makrelen Seafood vom Feinsten: Tintenfische, Hummer, Kraken, Seespinnen und alle nur erdenklichen Krustentiere.

AUF DEM RASCHEN WEG ZUM GROSSEN FERIENPARADIES

Auch wenn Nha Trang in wirtschaftlicher Hinsicht jetzt schon positiv bilanziert, könnte es in naher Zukunft noch einmal einen gewaltigen Schub vorwärts erleben: Mit den herrlichen Stränden, den zahlreichen vor gelagerten Inseln, den Korallenbänken und Tauchrevieren hat es das Zeug dazu, sich zu einem Urlaubsparadies ähnlich wie Phuket in Thailand zu entwickeln. Große Hotelanlagen sind schon im Bau, andere in Planung.

Noch aber ist es nicht so weit. Noch erholen sich in Nha Trang vorwiegend einheimische Urlauber und gestresste Großstädter, die für das Wochenende anreisen. Sie finden entlang der breiten, schnurgerade parallel zum Strand verlaufenden Straße Tran Phu zahlreiche Hotels und in der Stadt ein pulsierendes Nachtleben. Und auf dem Stadtstrand herrscht alles andere als Gedränge. Eine Reihe von Cafés und einfachen Restaurants sorgt für Erfrischungen und kleine unkomplizierte Mahlzeiten, Masseure bieten ihre Dienste an und Strandverkäufer sind mit T-Shirts, Sonnenbrillen und Kokosnüssen unterwegs, aber das alles stressfrei.

Wer in die faszinierende Welt tropischer Fische abtauchen will, braucht eigentlich nur einen Schnorchel aufzusetzen und los zu schwimmen. Noch aufregender sind aber Tauchkurse und geführte Tauchgänge, bei denen in der Bucht außer Schwärmen bunter tropischer Fische auch 350 Arten von Hartkorallen zu bestaunen sind, mit Abstand die größte Vielfalt der Welt.

Ebenfalls an der Südlichen Zentralküste – aber viel südlicher als Nha Trang, fast auf der Höhe von Saigon – liegt an der Mündung des Flusses Ca Ty die Fischerstadt Phan Thiet: malerische Fischerflotte im Hafen

Touristen werden ganztägige Bootstouren zu den vor gelagerten Inseln angeboten. Auf bunt bemalten Kähnen geht es hinaus aufs Meer. Und dann entweder zur *Bambusinsel* (Hon Tre), zwischen deren Stränden und vielen kleinen Inselchen es sich herrlich schnorcheln lässt, zu Inseln mit den Pfahlbauten von Fischerdörfern, oder zu unbewohnten Felseninseln mit unberührten Stränden. In Erstaunen versetzt immer die *Schwalbeninsel* Hon Yen, auf deren steilen Felswänden Tausende Schwalbennester kleben – die übrigens zu bestimmten Zeiten als kostbare Delikatesse eingesammelt werden. Ein beliebtes Ziel ist auch die Insel Tri Nguyen, die zahlreiche Kieselstrände und neuerdings auch ein modernes Aquarium besitzt.
Bei der Auswahl der Bootstour ist Vorsicht geboten. Einige Unternehmen bieten Trips zu den Inseln an, die sich dann aber als reine Partyfahrten mit Animationsprogramm entpuppen. Nach einem üppigen Mittagessen und einigen Inselbesuchen wird Anker

geworfen und die *Floating-Bar* zu Wasser gelassen, ein hölzernes Floß, das gerade groß genug ist für den Barmann und seinen unerschöpflichen Vorrat an alkoholischen Getränken. Die Touristen springen ins Wasser, Rettungsringe werden nachgeworfen und dann beginnt die »Sauftour im Schwimmreifen«. Ideal nur für Leute, die Rotwein bei 30 Grad und praller Sonne vertragen.
Die Sehenswürdigkeiten, die Nha Trang an Land zu bieten hat, sind nicht ganz so extrem. An Museen ist das ozeanographische Institut mit vielen Aquarienbecken zu besichtigen, und das Pasteur-Institut mit Erinnerungsstücken an den Naturforscher Alexandre Yersin. Der Bahnhof und die neugotische Kathedrale auf einem kleinen Hügel bildeten das Zentrum der kolonialen Stadt. Die ebenfalls auf einem Hügel errichtete Long-Son-Pagode aus dem 19. Jahrhundert wurde im Jahr 1963 erweitert: Seither führt eine steile Stiegenanlage zu der 19 Meter hohen, strahlend weißen Figur eines auf einer Lotusblüte sitzenden Buddhas hoch, die den buddhistischen Opfern der Diem-Präsidentschaft gewidmet ist.

TEMPEL DER MUTTERGÖTTIN
DER BÖSE GEIST UND DIE BADENDE FEE

Die Brücke Xom Bong ist eine der beiden Brücken, die den breiten Fluss Cai überspannen. Wer sie auf dem Weg zum touristischen Highlight der Stadt, der Tempelanlage Thap Ba (Po-Nagar-Türme), überquert, sollte einen Moment anhalten: Hier bietet sich ein prachtvoller Blick auf den Fluss, die zahlreichen kleinen Inseln, die pittoresken Pfahlbauten am Ufer und die vielen bunten Fischerboote, die gerade in den Hafen tuckern oder auslaufen.
Bei der auf einem Hügel gelegenen Tempelanlage handelt es sich um ein uraltes Heiligtum. An ihrer Stelle soll schon im 2. Jahrhundert ein Holztempel der Cham gestanden sein, der im 8. Jahrhundert zerstört und später als Ziegelbau neu errichtet wurde. Von den ursprünglichen acht Türmen sind heute nur noch vier erhalten, die verschiedenen Gottheiten gewidmet sind. Sie unterscheiden sich maßgeblich im Stil, daher nimmt man an, dass sie in der Zeit zwischen dem 7. und dem 12. Jahrhundert entstanden sind. In den letzten Jahren wurden in der Tempelanlage zahlreiche Bauwerke erneuert, darunter die Säulenhalle, die zur Vorbereitung der rituellen Feiern genützt wurde und die steil den Hügel hinauf führende Treppe.
Der sogenannte Nordturm gilt mit seinen knapp 23 Metern als der höchste Cham-Turm überhaupt. Er wurde im Jahr 817 zu Ehren von Po Nagar, der Muttergöttin der Cham, errichtet. Dieser Turm fasziniert nicht nur durch seinen reichen Schmuck – kosmische Tänzerinnen zieren die Dachecken, und über dem Eingang ist ein Relief mit einem vier-

Mini-Sahara nordöstlich von Phan Thiet: die Dünen von Mui Ne an der Küste

armigen tanzenden Shiva zu sehen – er besitzt auch ein wertvolles historisches Dokument: In einer Inschrift aus dem 8. Jahrhundert wird zum ersten Mal der Name Kambu genannt, das spätere Kambodscha.

Von der Tempelanlage ist es nur ein kleiner Spaziergang zu der gebirgigen Landzunge Hon Chong, die mit strahlend weißen Sandstränden in das blaue Wasser des südchinesischen Meeres hinausragt. Die nahen Inseln liegen malerisch im Meer und im Norden begrenzen die Umrisse des *Feenberges* den Horizont. Seine Entstehungsgeschichte ist romantisch, melancholisch und tragisch wie so vieles in dieser Gegend. Der Sage nach ist er entstanden, als ein böser Geist einer schönen Fee beim Baden zusah und sich unsterblich in sie verliebte. Die Fee gab sich nicht unnahbar, das machte die Götter eifersüchtig, die über sie wachten. Sie verwandelten den Geist in einen Stein, sein Handabdruck ist in einem Felsen am Strand noch immer zu sehen. Die Fee aber war darüber so unglücklich, dass sie starb. Die Umrisse ihres Körpers bilden seither den *Feenberg*.

Der Pass der Meereswolken (Deo Hai Van), kurz Wolkenpass, ist die Wetterscheide des langen Landes Vietnam
Seiten 140/141 Wenige Kilometer südöstlich von Da Nang liegt My Khe, besser bekannt als China Beach – ein Strand, dem eine große touristische Zukunft sicher ist

ÜBER DEN WOLKENPASS

Das tiefe Grün der bewaldeten Berge, das dunkle Blau und Türkis des Meeres und das Goldgelb der langen Sandstrände: Zwischen Hue und Da Nang liegt eine Landschaft von nahezu überirdischer Schönheit. Sie gilt als die spektakulärste von Vietnam, und entsprechend stolz präsentiert sie sich auch, zumindest aus der Vogelperspektive.
Die Straße allerdings sieht anders aus. Ein tiefes Schlagloch nach dem anderen, unendlich lange Baustellen, alte, überladene Lastwagen, die gleich an Ort und Stelle repariert werden, klapprige Miettaxis und Busse im Methusalem-Alter, die nur noch der bunte Lack zusammenhält, so geht es von Hue über den Wolkenpass nach Da Nang. Wer die lediglich 120 Kilometer lange Strecke in nur fünf Stunden bewältigt, ist bereits rekordverdächtig, üblicherweise dauert es noch viel länger. Wirklich schlimm ist das aber nicht, denn in dieser Gegend gibt es so viel zu schauen und zu bewundern, dass

es eigentlich gar nicht lang genug dauern kann. Vorerst führt die Straße noch durch flaches Land. Wie auch weiter im Norden liegt ein Reisfeld neben dem anderen, ziehen Wasserbüffel den Pflug durch die nasse Erde, verrichten Bauern ihre schwere Arbeit und treiben Hüterbuben ihre Gänseschar vor sich her. Bald zeichnen sich jedoch landeinwärts am Horizont die ersten grünen Hügel des Nationalparks Bach Ma ab, und dann glitzert das Meer auf. Die Halbinsel Lang Co ragt mit kilometerlangen, goldgelben Sandstränden in das Südchinesische Meer hinaus und formt eine riesige Lagune. Die Palmenstrände sind so gut wie menschenleer, die Tourismusindustrie hat sie noch nicht für sich entdeckt. Und auch die Bewohner der Halbinsel leben so wie eh und je vom Fischfang.
Sobald die Halbinsel überquert ist, geht es ansatzlos bergan. Die Straße schraubt sich in zahlreichen weiten Windungen hoch, sie bietet immer neue Ausblicke auf das faszinierende Panorama aus grünen Bergen, den mit zunehmender Höhe immer phantastischer wirkenden Sandstränden der Lagune und das Meer, das in allen Schattierungen von Grün über Türkis bis Dunkelblau schimmert.
Der knapp 500 Meter hohe Wolkenpass Hai Van liegt wie eine mächtige Barrikade zwischen dem Norden und dem Süden Vietnams. Lange Jahrhunderte war er nur zu Fuß oder auf Reittieren zu bewältigen, entsprechend wichtig war seine strategische Bedeutung zu allen Zeiten. Dass sich daran auch bis in die jüngste Vergangenheit nichts geändert hat, beweisen die Reste von Festungsanlagen und Bunkern der Franzosen und Amerikaner entlang der Straße.
Von Januar bis April ist der Wolkenpass meist von dichten Wolken verhangen. Zu dieser Zeit lässt sich zwar der prachtvolle Ausblick auf das Meer und die Küste nicht genießen, stattdessen schaffen aber Wolken, Nebel und manchmal auch Nieselregen eine ganz eigene Atmosphäre. Plötzlich ist alles in ein diesiges, weiches Licht getaucht, die Passhöhe, die vielen Händler, die Textilien, Kokosnüsse oder Halsketten anbieten, der kleine Tempel, in dem Räucherstäbchen glimmen, all das wirkt ein wenig unwirklich und märchenhaft.
Der Wolkenpass gilt als wichtige Wetterscheide zwischen dem subtropischen Klima im Norden und dem tropischen im Süden. Was wie eine trockene Theorie der Meteorologen klingt, wird auf der Talfahrt Richtung Da Nang körperlich spürbar. Bald ist die Luft feuchter und wärmer und nicht genug damit, scheinen auch die Farben kräftiger zu werden. Während in den nördlichen Teilen Vietnams zarte Grün- und Brauntöne dominiert haben, ist das Grün jetzt dunkler und üppiger, und wo immer andere Farben auftauchen wie das Rot eines Sonnenschirms oder das Rot-Blau eines Fischerbootes, wirken sie strahlender.
Die heute 700 000 Einwohner zählende geschäftige Hafenstadt Da Nang ist die viertgrößte Stadt des Landes. Viele der Invasoren, die Vietnam in den vergangenen Jahr-

Die 1825 errichtete Tam-Thai-Pagode steht auf dem Berg Thuy Son in den Marmorbergen
Seiten 143–145 In den Marmorbergen gibt es viele heilige Stätten und Tempel

人生平祖
功高護國曆千秋

木本水源
殿宇煇煌千古跡
德大開民留萬世

links Auf dem Marmorberg Thuy Son gibt es die buddhistische Pilgerhöhle Huyn Khong, in deren Dunkelheit eine mystische Ausstrahlung Pilger und Besucher gefangen nimmt
oben Marmorbildhauer in den Marmorbergen haben ihren Rohstoff vor der Haustüre und verkaufen ihre kunstvollen Figuren in den Läden vor Ort

Bewaldete Felskegel in den Marmorbergen (Nga Hanh Son, Marble Mountains) westlich von Da Nang
rechts Hoi An, Kleinstadt mit viel Sehenswertem: Versammlungshalle der Chinesen aus Trieu Chan, erbaut 1776 von chinesischen Kaufleuten

hunderten überfielen, kamen über das exponiert an der Mündung des Han-Flusses gelegene Da Nang. Im 17. und 18. Jahrhundert machten an dieser Küste Spanier und Franzosen fest. 1965 schließlich rollten an diesem Strand die Panzer der Amerikaner an Land, gefolgt von den ersten 3500 Marines. Die Amerikaner bauten Da Nang innerhalb kürzester Zeit zu einer riesigen Garnisonsstadt und zu ihrem größten Luftwaffenstützpunkt in Südostasien aus. Viele Vietnamesen hatten damals mit der amerikanischen Militärverwaltung zusammengearbeitet und dabei gut verdient – mit fatalen Folgen im Jahr 1975. Als die nordvietnamesischen Truppen die Stadt kampflos einnahmen, flohen Tausende aus Angst vor Rache.
Als Militärbasis nützten die Amerikaner auch den kilometerlangen, strahlend weißen Strand von Da Nang – zur Erholungen wichen die GIs in die 30 Kilometer weiter südlich gelegene Bucht China Beach aus. Mittlerweile dient der Strand wieder friedlichen Zwecken – das erste Luxusresort ist bereits eröffnet, weitere sollen folgen. Golfplätze

und großzügige Freizeiteinrichtungen sind in Planung, auf dem ausgebauten Flughafen landen schon die ersten internationalen Jets.
Sehenswürdigkeiten im touristischen Sinn hat Da Nang nicht zu bieten. Hier lässt es sich angenehm auf breiten Boulevards und entlang der Uferpromenaden flanieren, es gibt große Kaufhäuser und einen Markt. Ein absolutes Muss ist aber der Besuch des im Süden der Stadt gelegenen Cham-Museums (Bilder im Kapitel *Die Cham – ihre Reiche und ihre Kultur*). Das von den Franzosen im Jahr 1939 errichtete Museum zeigt über 300 hoch interessante Statuen und Flachreliefs aus verschiedenen Teilen des Champa-Reiches, es besitzt weltweit die größte Sammlung dieser Art. Die Exponate, die aus der Zeit vom 4. bis zum 12. Jahrhundert stammen, lassen erahnen, wie hoch entwickelt und kunstsinnig die Kultur dieses Volkes war.
Spuren des einst mächtigen Champa-Reiches finden sich in der gesamten Umgebung von Da Nang. Die Reste der ältesten Hauptstadt sind bei Tra Kieu zu sehen, die der nachfolgenden nahe dem Ort Dong Duong. Das bei weitem interessanteste Vermächtnis der Cham ist aber die 70 Kilometer südwestlich von Da Nang gelegene Tempelstadt My Son.

Hoi An: die Japanische Brücke – so genannt, weil sie die von einem Seitenarm des Flusses Thu Bon getrennten Viertel der Japaner und Chinesen miteinander verband. Erstbau Ende 16. Jahrhundert

Die Tempelstadt, die im Jahr 1999 von der UNESCO zum Weltkulturerbe erklärt wurde, geht auf das 4. Jahrhundert zurück, als ein Cham-König beschloss, in dem Tal von My Son ein religiöses Zentrum zu errichten. Nach und nach entstand in verschiedenen Epochen eine Vielzahl von Tempeln und Türmen, die Königen und hinduistischen Gottheiten gewidmet waren. Als sich die Cham ab dem 15. Jahrhundert aus dieser Gegend zurückzogen, gerieten die Tempel in Vergessenheit. Erst zu Beginn des 20. Jahrhunderts entdeckten sie französische Archäologen wieder und begannen, sie genauer zu erforschen. Sie registrierten 70 Tempel, die jeweils aus einem zentralen turmartigen Bau und mehreren umliegenden Gebäuden bestanden.

Während des Vietnamkrieges nützten Widerstandskämpfer dieses Gelände als Unterschlupf. Die Amerikaner erklärten es daraufhin zur »Fire-Free-Zone« und ließen auf die Tempel die Bomben niederprasseln, die ihnen bei anderen Einsätzen übrig geblieben waren. Die Folge: Heute sind nur noch 20 Tempel erhalten, sie sind zum Teil schwer beschädigt, aus den Mauerritzen wachsen Bäume und Unkraut, aber mit etwas Phantasie ist ihre alte Pracht nachvollziehbar (Bilder im Kapitel *Die Cham – ihre Reiche und ihre Kultur*).

MARMORBERGE UND HOI AN

Wenige Kilometer südlich von Da Nang hat die Landschaft wieder eine bezaubernde Überraschung auf Lager: Aus dem flachen Land erheben sich plötzlich und ohne Vorwarnung die fünf dicht bewaldeten Felskegel der Marmorberge Ngu Hanh Son. Die bis zu 100 Meter hohen Kegel waren in Urzeiten einmal Inseln, als das Meer aber verlandete, »strandeten« sie und wurden zu Bergen auf dem Festland. Benannt wurden die fünf Berge nach den fünf Elementen des Universums, Metall, Wasser, Holz, Feuer und Erde. Dass ihr phantastisches Erscheinungsbild und ihr Höhlensystem die Phantasie der Vietnamesen angeregt haben, ist nur zu gut verständlich. So besagt eine Legende, dass die fünf Kegel die von einem Drachen zurückgelassenen Eierschalen sind. In den Höhlen werden schon seit uralten Zeiten Götter und Geister verehrt, es gibt sogar einige Tempel.

Entsprechend ihrem Namen liefern die Marmorberge auch roten, weißen und blaugrünen Marmor, der in zahlreichen Steinbrüchen abgebaut wird. Ein beträchtlicher Teil des kostbaren Steines wird auch gleich an Ort und Stelle bearbeitet: In zahlreichen Werkstätten meißeln kunstfertige Steinmetze aus dem Marmor Plastiken und Statuen. Zeitweise ist der helle Klang ihrer Werkzeuge weithin zu hören.

Die wichtigste Hafenstadt des Champa-Reiches war die südlich der Marmorberge an der Mündung des Flusses Thu Bon gelegene Stadt Hoi An. Vor ihren Küsten waren schon zu Urzeiten Handelsschiffe aus aller Herren Länder unterwegs. Der Seehafen der Cham wurde ab dem 16. Jahrhundert von den Vietnamesen ausgebaut und entwickelte sich bald zu einem der führenden Häfen Südostasiens, gleichbedeutend mit Malacca und Macao. Zu dieser Zeit gründeten Portugiesen und Chinesen, Japaner und Spanier ihre Handelsniederlassungen, richteten Kontore ein und bauten Häuser und Lager für ihre Handelsware.

Zu Beginn des 19. Jahrhunderts begann der Stern der Stadt zu sinken. Der Fluss Thu Bon versandete, große Schiffe konnten nicht mehr in den Hafen einlaufen und der neue Hafen wurde weiter nördlich, an der Mündung des Flusses Han in Da Nang gebaut. Heute wirkt die zauberhafte alte Stadt, als wäre ihre Lebensuhr vor 150 Jahren stehen geblieben. In den romantischen alten Gassen sind die betagten Holzhäuser noch wie einst als Wohn- und Geschäftshäuser in Gebrauch, und das verleiht vielen Straßen den Charme der alten Zeit.

Das am Ufer des Flusses Thu Bon liegende Viertel der Altstadt wurde von der UNESCO zum Weltkulturerbe erklärt. Wer das zum historischen Schmuckkästchen herausgeputzte Viertel besichtigen will, muss Eintritt zahlen. Dann aber können Besucher wie in einem lebenden Freilichtmuseum rund 100 vollständig erhaltene Gebäude bestaunen, die zum Teil noch aus dem 15. Jahrhundert stammen. Die kunstvollen Holzschnit-

Hoi An: Innenhof und Eingangsportal *(Bild rechts)* zur Versammlungshalle der Chinesen aus Fujian (Fukian, vietnamesisch: Phuoc Kien). Wohl im 17. Jahrhundert gegründet

zereien der Häuser, die chinesischen Dächer aus roten oder grünen Dachziegeln, all das lässt das Gedränge der Touristen vergessen – oder zumindest fast vergessen.

Der Strom der Besucher bewegt sich meist auf demselben Rundgang: vom überdachten Markt unten am Fluss zum Tempel Mieu Quan Cong aus dem Jahr 1904, und dann zur Tran Phu, der Hauptstraße, an der alle wichtigen Tempel und Gebäude liegen, allen voran die fünf Clan-Häuser (Versammlungshallen) der chinesischen Handelsvereinigungen. Mit Abstand das schönste ist die Versammlungshalle der Chinesen aus der Provinz Fujian, die aus einem Garten, einer spektakulär gestalteten Mauer mit Tor, einem geräumigen Innenhof und einem Tempel besteht. Die Anlage wurde im 17. Jahrhundert gegründet und bis 1890 ausgebaut.

Das wohl liebenswerteste Bauwerk in Hoi An ist die überdachte Japanische Brücke, die über einen Seitenarm des Thu Bon führt. Die Brücke wurde im 16. Jahrhundert in einem Jahr des Affen begonnen und in einem Jahr des Hundes beendet, sie sollte ein Symbol der guten Beziehungen zwischen japanischen und chinesischen Handelshäusern darstellen. Im Jahr 1763 wurde sie neu gebaut und im Laufe der Zeit mehrmals renoviert. Jetzt bewachen sie im Süden zwei Steinaffen und im Norden zwei Höllenhunde.

Viele der architektonischen Schätze von Hoi An sind Privathäuser, die einst reichen Kaufleuten gehörten. Einige der heutigen Besitzer haben ihre Häuser der Öffentlichkeit geöffnet, sie haben nichts dagegen, wenn Besucher die hübschen Innenhöfe, die Schnitzarbeiten und Säulen bewundern – vorausgesetzt, sie revanchieren sich mit etwas Bargeld. Aber das ist in einer Stadt, die ganz auf Tourismus eingestellt ist, vermutlich ganz normal.

金山寺
福建會館

Majestätisch thronen auf einem Granithügel bei Phan Rang (Südliche Zentralküste) die Cham-Türme Po Klong Garai über der Landschaft. Die Anlage wurde im 13. Jahrhundert zu Ehren des Fürsten Po Klong Garai errichtet, der in der Cham-Gottheiten-Hierarchie gleichrangig wie der Hindu-Gott Shiva war

rechts My Son (Südliche Zentralküste) war die religiöse und kulturelle Hauptstadt der Cham. Der Tempelbezirk bestand aus 70 Bauwerken, heute sind noch 20 Ruinen vorhanden

DIE CHAM – IHRE REICHE UND IHRE KULTUR

Text von Annaliese Wulf

Von den Cham, die über Jahrhunderte Dai Viet und das Reich der Khmer in ihrer Existenz bedroht haben und gefürchtete Piraten auf dem Ostmeer waren, sind nur wenige Erinnerungen geblieben. Ihre Tempel scheinen fremd in einem Land, dessen Heiligtümer Teil der Landschaft sind. Zwischen dem 8. und 13. Jahrhundert, als sie erbaut wurden, müssen sie wie weit über das Meer schauende Wachtürme gewirkt haben. Die heutigen Minderheiten der Cham im mittleren und südlichen Vietnam wissen so wenig von ihrem Volk und seiner Geschichte wie die Nachfahren der letzten Cham-Könige südlich von Phan Rang. Nur an wenigen Tempeln werden noch Feste mit alten Bräuchen und Liedern gefeiert.

Es gibt auch noch Gehöfte, deren Anordnung das frühere Matriarchat erkennen lassen, in denen um das Haus der Mutter die Häuser der Töchter stehen. In manchen Gegenden Zentralvietnams begegnet man Cham-Männern und -Frauen mit Turbanen und Röcken. Ihre Gesichter sind runder, ihre Augen größer und ihre Haare welliger als die der Vietnamesen. Legenden und Erinnerungen blieben erhalten sowie Lieder und die melodische Musik. Denn die vietnamesischen Könige brachten von ihren Kriegszügen gegen Champa auch Musikanten und Sängerinnen als Gefangene mit, deren Musik am Hof von Thang Long hoch geschätzt wurde.
Was blieb, sind Cham-Tempel und -Plastiken. Am eindrucksvollsten ist die Tempelstadt My Son in der Einsamkeit des Tales am Fuß eines Berges. Seine seltsame Felsnase ist weithin zu sehen. Dieser Berg – My Son, der Schöne Berg – gab der Stadt seinen Namen erst später. Zur Zeit der Cham-Könige hieß sie wie der indische Gott, als dessen Inkarnation sich der jeweilige König verehren ließ. Es blieben nur wenige Ruinen, aber sie sind die schönsten Zeugnisse eines untergegangenen Volkes.

EIN INDISIERTES VOLK IN ZENTRALVIETNAM
REICH DER KOKOSNUSSESSER UND REICH DER BETELNUSSESSER

Südlich von Da Nang ragen turmartige Ruinen aus roten Ziegeln auf, die Tempelbauten der Cham. Manche liegen weithin sichtbar auf Hügeln. Auch die in der Ebene gebauten beherrschen ihre Umgebung. Alle stehen in krassem Gegensatz zu den Sakralbauten der Vietnamesen, die sich in die Landschaft einfügen, unter Bäumen und Hecken kaum sichtbar, und mit der Natur eins zu sein scheinen.
Für die Frühzeit der Cham ist die Forschung auf die Annalen der Chinesen angewiesen. Im Jahr 100 stießen chinesische Heere südlich des Wolkenpasses auf den Widerstand kriegerischer Stämme. Einem Stammeshäuptling gelang es, nördlich des Wolkenpasses den Präfekten einer chinesischen Provinz zu töten, das Gebiet zu erobern und sich zum König eines Reiches zu machen, dessen Hauptstadt er Hsin Lin Yi nannte. Seine Nachfolger drangen bis in die heutige Provinz Thanh Hoa vor und schickten im Jahr 248 eine Tributgesandtschaft an den chinesischen Kaiserhof. Bei diesem Anlass bezeichneten die Chinesen das Volk als Lin Yi.
Aus dem 4. Jahrhundert stammen Inschriften auf königlichen Stelen der Lin Yi, die in einer altindischen Schrift über Tempelbauten berichteten. Auch auf den Stelen der kambodschanischen Könige sind Hinweise auf die Lin Yi zu finden. Ab dem 10. Jahrhun-

Eindeutiges Fruchtbarkeitssymbol in My Son

dert, mit dem Entstehen der vietnamesischen Königreiche, berichten ihre Schriften über Kämpfe mit Champa. Die Geschichte und Kunst der Cham lässt sich weder in den Anfängen noch in einigen späteren Zeitabschnitten lückenlos darstellen.

Es gilt als sicher, dass ein Nord- und ein Südreich bestand, das abwechselnd die Macht ausübte. Das Nordreich wird nach den in den Tempeln gefundenen goldenen Kokosnüssen als Reich der Dua, der Kokosnussesser, bezeichnet. Im Süden wurden goldene Betelnüsse geopfert, das Reich daher als Land der Cau, der Betelnussesser, bezeichnet. Champa erstreckte sich von dem heutigen Hue bis an den Nordrand des Mekong-Deltas. Vom 7. Jahrhundert an erscheint anstelle Lin Yi der Name Cham. Es ist aber in der Geschichtsforschung nicht nachweisbar, ob die Lin Yi die Vorläufer oder nur ein Stamm der Cham waren.

Das Nordreich lag vom 4. bis 8. Jahrhundert bei Tra Kieu, 45 Kilometer südwestlich von Da Nang. Sein Name, Amaravati, deutet auf enge Verbindungen mit dem gleichnamigen südindischen Reich und dem Amaravati-Stil vom 2. und 3. Jahrhundert hin. Die Hauptstadt Simhapura (Löwenstadt) lag am Thu-Bon-Fluss. Flussabwärts am Meer befand sich der Hafen der Cham bei der heutigen Stadt Hoi An; flussaufwärts in einem abgelegenen Bergtal lag die Tempelstadt My Son. Simhapura wurde im 8. Jahrhundert von chinesischen Truppen zerstört, das Südreich dominierte. Vom 9. bis 10. Jahrhundert bestand in Amaravati ein neues Reich unter dem Einfluss des Buddhismus. Seine Hauptstadt Indrapura wurde 982 von den Vietnamesen vernichtet, die genaue Lage der Stadt ist nicht bekannt.

Die Cham zogen mehr als 200 Kilometer nach Süden bis nach Binh Dinh, nördlich der heutigen Provinzhauptstadt Quy Nhon. Ihre Hauptstadt Vijaya wurde erstmals 1044 von den Vietnamesen angegriffen. 1145 wurde sie von den Khmer gebrandschatzt und 1471 von den Vietnamesen erobert und niedergebrannt.

Im 13. Jahrhundert musste sich Champa der chinesischen Yuan-Dynastie erwehren. Nach der Zerstörung von Vijaya hatten sich die Cham des Nordreiches in den Süden zurückgezogen. Panduranga lag bei der heutigen Provinzhauptstadt Phan Rang, 90 Kilometer südlich der Tempelstadt Kauthara, dem heutigen Nha Trang. Es wurde im 8. Jahrhundert von javanischen Herrschern und später von den Khmer angegriffen, beraubt und zerstört.

Nach einer letzten Erhebung wurden die Cham 1693 von den Nguyen-Fürsten von Hue endgültig geschlagen. Eine zeitlang gab es noch Cham-Fürsten als Vasallen der Nguyen. Seitdem leben etwa 75000 Cham als Minderheit in Zentralvietnam und im Mekong-Delta. Weitere Cham-Minoritäten gibt es in Kambodscha und Malaysia.

Beherrschend wirken – und das sollten sie zu ihrer Zeit wohl auch – die Türme von Banh It (Thap Bac) aus dem 12. Jahrhundert (südöstlich von Qui Nhon, Südliche Zentralküste)

URSPRUNG UND GESELLSCHAFT DER CHAM

Die Cham gehören zu den austro-asiatischen Völkern der malayo-indonesischen Sprachgruppe, die aus Südsibirien langsam bis nach Zentralvietnam vordrang. Vom 1. bis zum 2. Jahrhundert, erneut zwischen dem 4. und 5 Jahrhundert, erfolgte die Indisierung. Auf einer Stele berichtet die Legende von einem Brahmanen aus Südindien, der einem wunderkräftigen Speer an die Küste Hinterindiens folgte. Er besiegte die Beherrscherin des Landes, eine Schlangenkönigin (*Naga*), heiratete sie und regierte fortan das Land. Es besteht kein Hinweis auf eine Invasion größerer indischer Gruppen. Brahmanen, hinduistische Priester, begleiteten die indischen Kaufleute, die bis zum 6. Jahrhundert am Seehandel teilnahmen. Die Könige der hinterindischen Reiche beriefen sie an ihre Höfe und machten sie zu Beratern und Priestern. Gleichlautende Legenden besitzen die ebenfalls indisierten Fu Nan, die vom 1. bis 5. Jahrhundert das südliche Mekong-Delta beherrschten sowie die Khmer von Kambodscha.

Chinesische Schriften enthalten Hinweise auf die matriarchalische Gesellschaftsform der Cham und auf Sitten und Zeremonien, die hinduistische Traditionen erkennen lassen. Dazu gehören Bestattungsriten, Heiratszeremonien und Witwenverbrennungen bei Königen und Adel. Besondere Erwähnung finden die feinen Gewebe aus Baumwolle, Münzen aus Muscheln und Schildpatt und Schmuck aus Gold. Das Gold der Cham, das so hell geleuchtet haben soll wie die Glühwürmchen, hat zu allen Zeiten die Begehrlichkeit ihrer Nachbarn geweckt. Im Jahr 446 erbeuteten die Chinesen in der Hauptstadt des Prinzen Phang Duong Mai, des Goldenen Prinzen, norwestlich der heutigen Stadt Hue eine Statue aus 100 Pfund purem Gold. Bei einem Angriff auf Simhapura im Jahr 603 fand ein chinesischer General 18 Tafeln gegossenes Gold.

Die Cham lebten auf dem schmalen, unfruchtbaren Küstenstreifen Zentralvietnams und in den Deltas kleinerer Flüsse. Ihre Lebensbedingungen ließen sich nicht vergleichen mit denen der Viet im Rote-Fluss-Delta und der Khmer im Mekong-Delta. Sie waren Bauern, Fischer, Seefahrer, aber auch Piraten und beherrschten bis zum 10. Jahrhundert den Gewürzhandel auf dem Ostmeer. Auch als Handwerker, Baumeister, Bildhauer und besonders als Schiffsbauer waren sie über die Region hinaus angesehen.

Das kleine Volk der Cham besaß Mut und Tapferkeit, aber auch Angriffslust, die sich immer wieder gegen Dai Viet und das Reich Angkor richtete. Das von den Fu Nan im 5. Jahrhundert verlassene Mekong-Delta ließen sie unbeachtet. Es versank unter dem fruchtbaren Schlamm des Flusses und wurde erst im 17. Jahrhundert von den Vietnamesen wieder urbar gemacht und besiedelt. Champa gelang erfolgreiche Angriffe gegen Vietnamesen und Khmer. Es konnte mehrmals in das Rote-Fluss-Delta vordringen und die Hauptstadt Thang Long angreifen. 1777 zerstörten die Cham die Stadt Angkor, fügten dem Tempel Angkor Wat schwere Schäden zu und herrschten bis 1781 im Reich der Gottkönige, deren Ansehen sie dadurch schmälerten. Dafür mussten sie Gegenangriffe und die Zerstörung ihrer Hauptstädte hinnehmen. Sie gerieten mehrmals unter die Oberherrschaft der Khmer und wurden den Viet tributpflichtig.

FRÜHE RELIGION UND GOTTKÖNIGTUM

Bis zur Indisierung verehrten die Cham Fruchtbarkeitsgöttinnen, als deren oberste galt die Mutter des Landes, *Uroja*. Ihr Name bedeutet Mutterbrust und die weibliche Brust bleibt in verschiedenen Kunstperioden ein Schmuckmotiv an den Podesten der Götterstatuen. Eine Fülle von weiblichen Gottheiten deutet auf das Matriarchat. Die Ahnen galten als Beschützer der Felder, der Ernten und des Landes. Sie wurden symbolisiert durch Menhire. In diese Kulte gehören die Kut-Steine mit eingeritzten Gesichtern, die als Grabsteine verwendet wurden. Über ihr Alter besteht Uneinigkeit.
Durch die Brahmanen fand der Brahmaismus-Hinduismus an den Königshöfen Verbreitung. Wie weit er auch vom Volk übernommen wurde, lässt sich nicht nachweisen. Er hat sich aber rudimentär mit dem Islam vermischt, den die Cham-Minderheiten nach dem Verlust ihrer Religion annahmen. Die Könige und der Adel sahen sich als Ksatriyas, Angehörige der indischen Kriegerkaste. Das indische Kastensystem wurde jedoch nicht übernommen. Das Volk blieb bei seiner Stammesgesellschaft. Die Könige verstanden sich als Gottkönige. Das Gottkönigtum geht auf Ansätze in Indien zurück, erfuhr aber seine Vollendung in den indisierten Staaten Südostasiens, in Fu Nan, Java, bei den Cham und erreicht seinen Höhepunkt bei den Khmer. Die Könige sahen sich als Inkarnation des Gottes, meist des indischen Gottes Shiva. Damit gehörte ihnen das Land und sie konnten über seine Ressourcen wie auch über ihre Untertanen verfügen.
Der Gottkönig vereinigte alle geistliche und weltliche Macht, war als Inkarnation des Gottes unabsetzbar und wurde auch nach seinem Tode göttlich verehrt. Das Gottkönigtum führte zu höchsten Leistungen, erschöpfte aber andererseits das Land und die Kräfte des Volkes. Die Reiche der Gottkönige konnten daher nur von beschränkter Dauer sein.

ELITÄRE UND SAKRALE KUNST

Die Kunst der Cham ist elitär und sakral. Erbauer der Tempel waren die Könige, ihre Paläste und Städte aus vergänglichem Material blieben nicht erhalten. Ob sich die Könige als Inkarnation der Götter Shiva, Vishnu oder des Bodhisattva Avalokiteshvara sahen, änderte im Grunde nur die Ikonographie und Architektur, nicht aber das Herrschaftsprinzip.

In Da Nang gibt es nicht viel Sehenswertes. Für durchreisende Kulturinteressierte aber ist das dortige Cham-Museum ein absolutes Muss, denn nirgendwo sonst auf der Welt kann man so viele Relikte (4. bis 12. Jahrhundert) des Champa-Reiches sehen

Die buddhistische Periode hat in Champa zu höchster Vollendung der Kunst geführt. Französische Forscher haben während der Kolonialzeit noch das schönste Bauwerk dieser Periode, das Kloster Dong Duong, südlich von Tra Kieu, geschildert. Es wurde 1954 in den Unabhängigkeitskämpfen völlig zerstört. Von den 70 Gebäuden der Tempelstadt My Son blieben nur etwa 20 soweit erhalten, dass sie restauriert bzw. vor dem restlosen Verfall abgesichert werden konnten. My Son, zwischen dem 4. und 13. Jahrhundert erbaut, lag während des Zweiten Indochinakrieges in dem Gebiet, das von den Amerikanern zur feuerfreien Zone erklärt worden war und erlitt 1968 schwere Bombardements der US-Luftwaffe.

Die Tempel der Cham wurden aus gut gebrannten, glatten Ziegeln nahezu fugenlos aufgeführt. Sie weisen drei Bautypen auf: Quadratische Türme, *kalane*, rechteckige Bibliotheken und lang gestreckte, flache Hallen, *mandapa*. Die Kalane sind nach Osten zur aufgehenden Sonne hin geöffnet und bestehen aus quadratischen Sockeln, auf denen ebenfalls quadratische, etwas kleinere Baukörper ruhen. Sie sind von meist dreistufigen sich verjüngenden Dachaufbauten gekrönt. Die Sockel sind von Sandsteinfriesen mit gut gearbeiteten Hochreliefs umgeben. In die glatten Ziegelwände der Baukörper wurde das Dekor eingemeißelt. Es besteht aus Pilastern, Pfeilern und Bögen mit figür-

lichem und dekorativem Schmuck und vertikalen Schmuckbändern, die geometrisches und pflanzliches Dekor zeigen. Die dreistufigen Dächer, heute oft stark beschädigt, sind von Schmuckfriesen umgeben und tragen auf den Kraggesimsen Tierplastiken und verkleinerte Kalane. Im Innern der Türme standen in der Mitte, auf einem sandsteinverkleideten Podest, das Götterbild oder das Lingam. Sie sind nur noch in Museen zu finden. Der Innenraum ist dunkel und schmucklos und geht auf den bis zum 8. Jahrhundert in Indien üblichen Tempelbau zurück, bei dem sich über der Cella ein hohes Dach, *shikara*, erhob.

In Orissa, im nordöstlichen Indien, blieben einige dieser Bauwerke erhalten. Auch die Khmer haben bis zum 9. Jahrhundert Kalane aus Ziegeln gebaut, bevor sie Tempel aus großen Sandsteinquadern schufen. Die Kalane wurden durch Öllampen erhellt, für die im Mauerwerk Nischen vorgesehen sind. Heute fällt zuweilen ein Lichtschein durch das beschädigte Kraggewölbe des Dachaufbaus.

ARCHITEKTUR UND PLASTIK

Der zweite Bautyp, die Bibliothek, steht mit seiner Längsfront südlich des Kalans und ist ein rechteckiger Bau, der zur Aufbewahrung der Tempelschätze diente. Seine Wän-

de sind durch Balusterfenster, Pilaster, Pfeiler und reiches Dekor aufgelockert. Auf dem zierlich wirkenden Gebäude ruht ein schweres Tonnendach. Kalane verschiedener Größe und die Bibliothek befinden sich innerhalb einer Mauer, durch die vier Tore führen. Im Osten, axial vor dem Kalan, steht eine Halle, deren flaches Dach von Säulen gestützt wird. Sie dient der Vorbereitung der Opfer und der Tänze für die Götter.
In My Son gab es etwa zehn Bauensembles, die aus den vorgenannten Bautypen bestanden und von Königen zu verschiedenen Zeiten als Verehrungsstätte des Gottes und ihrer selbst errichtet wurden. Es besteht weder gedanklich noch baulich eine Übereinstimmung mit den südindischen Tempelstädten.
Die Cham errichteten außerdem imposante Drei-Turm-Heiligtümer, die aus drei dicht nebeneinander stehenden Kalanen, als Mittelpunkt großer Tempelanlagen, bestehen. Von den Nebengebäuden und Ummauerungen blieb jedoch nichts erhalten. Alle Cham-Tempel sind durch Bewuchs mit Bäumen und Gesträuch und Befall mit Flechten, Moosen und Pilzen aufs Äußerste gefährdet. Stärkere Stämme und Äste drohen das Mauerwerk zu sprengen. Die Bauwerke in My Son waren gar vom Dschungel überwachsen. Seit 1981 arbeiten Denkmalschützer an der Freilegung und Absicherung der Monumente. Die im Gelände verstreuten Plastiken und Reliefs wurden gesammelt, katalogisiert und in Museen oder Lagern sichergestellt.
Statuen, Reliefs und Bauteile wurden seit Beginn des 20. Jahrhundert auch in Da Nang gesammelt. In einem Park am Han-Fluss entstand zwischen 1915 und 1916 der erste Teil des Museums der Cham-Plastik, das im Jahr 1939 fertig gestellt und eingeweiht wurde. Etwa 300 Plastiken und Reliefs sind in zehn offenen Räumen ausgestellt und mussten entweder in den Podesten oder den Wänden verankert werden. Es ist das einzige Museum für Cham-Plastik in der Welt.
Die Architektur der Cham hatte sich weder im Material, Bauform noch im Bauplan je wesentlich verändert. Die Ziegelbauweise wurde bis zum Ende der Cham-Reiche unverändert beibehalten. Die letzten Bauten zeigen Vereinfachungen der Dachaufbauten und des Dekors bis zur Verarmung. Sie spiegeln die Notsituationen wieder, denen die Cham ausgesetzt waren. Der monumentale Ausdruck blieb zwar erhalten, aber Fülle und Formenreichtum fehlen, und die Silhouetten der Tempel wirken gezackt, und die Steinsetzungen entbehren der üblichen Sorgfalt. Plastik und Relief waren zu allen Zeiten stärkerem Wandel unterworfen und zeigten sich fremden Einflüssen zugänglich. Sie nahmen indische, aber auch javanische Stilelemente auf, kehrten aber immer wieder zum eigenen ethnischen Idealbild zurück. Besonders reizvoll sind Tierplastiken, die von guter Beobachtungsgabe zeugen und Elefanten und Löwen heiter und verspielt darstellen. Erst in den letzten Epochen entstanden stilisierte, monströse, mit überreichem Schmuck behängte Phantasietiere. Die Cham sind Meister der Reliefkunst, die sie wegen ihrer stärkeren Ausdrucks- und Erzählmöglichkeit der Plastik vorzogen.

Ho Chi Minhs selbst entworfenes Sommerhaus auf Stelzen an einem See in Hanoi

PERSÖNLICHKEITEN

HO CHI MINH

»Ho, Ho, Ho Chi Minh«, so skandierten die aufmüpfigen Studenten der 1968-er Bewegung bei ihren Demos. Sie hatten den Führer der vietnamesischen Befreiungsbewegung zu ihrer Symbolfigur gemacht, zu einer Ikone des Guerillakampfes ähnlich wie Che Guevara. In Vietnam selbst wird Ho Chi Minh auch heute noch verehrt, man nennt ihn liebevoll Bac Ho, *Onkel Ho*.

Da es kaum authentische Aufzeichnungen gibt und Ho Chi Minh bis auf wenige Ausnahmen auch nicht Tagebuch geführt hat, ist sein genauer Lebenslauf nicht nachvollziehbar. Schon bald haben sich um das Leben des charismatischen Revolutionärs auch Mythen gebildet, so dass vieles zu einer Mischung aus Wahrheit und Legende verschmolz.

Fest steht, dass er am 19. Mai 1890 als Nguyen Sinh Cung geboren wurde, und zwar in dem Dorf Hoan Tru an der nördlichen Küste Zentralvietnams. Sein Vater war ein konfuzianisch orientierter niederer Beamter, der seinen Sohn auch ganz in diesem Sinne erzog. Später schickte er ihn auf ein französisches Gymnasium in Hue.
In den Jahren zwischen 1911 und 1917 war er als Küchenjunge und Matrose unterwegs, er gelangte bis nach Amerika, England und Frankreich. In der Zeit von 1917 bis 1924 arbeitete er als Fotolaborant und später als Zeitungsschreiber in Paris. Er kam in Kontakt mit der kommunistischen Bewegung und wurde ihr glühender Anhänger. 1920 nahm er sogar am Gründungskongress der KP Frankreichs teil. Seine Reden bei diversen Kongressen, in denen er Freiheit für sein Land von der Kolonialherrschaft forderte, erregten schon damals großes Aufsehen. Er ließ sogar die Friedenskonferenz von Versailles aufhorchen, als er für die Gleichberechtigung der Länder Französisch-Indochinas eintrat.
1923 reiste er nach Russland, wurde in Moskau Funktionär der Komintern für Kolonialfragen und nahm ein Studium an der Universität der Werktätigen auf. 1930 ging er nach Hongkong und begründete dort die Kommunistische Partei Indochinas. Ein Jahr später wurde er von den Briten verhaftet, erst 1933 gelang ihm die Flucht.
1941 kehrte er nach 30 Jahren Auslandsaufenthaltes nach Vietnam zurück. Jetzt nannte er sich Ho Chi Minh, d*er nach Erkenntnis Strebende*. Er engagierte sich leidenschaftlich für die Befreiung des Landes, gründete die *Liga für die Unabhängigkeit Vietnams* (Viet Minh) und wurde zu ihrer führenden Kraft. Bis 1942 – dann verhaftete ihn die nationalistische Regierung Chinas. Im Gefängnis verfasste er sein legendäres Tagebuch.
Erst nach dem Ende des Zweiten Weltkrieges konnte er nach Hanoi zurückkehren. Von diesem Zeitpunkt an ging es Schlag auf Schlag: Am 2. September 1945 rief Ho Chi Minh die Demokratische Republik Vietnam (DRV) aus. Ein Jahr später wurde er zu deren Präsidenten gewählt – die internationale Anerkennung wurde ihm jedoch vorerst verweigert, sie erfolgte erst 1954. Bis dahin agierte er von seiner Exilregierung im Dschungel von Cao Bang aus.
Er führte nahezu ohne Unterbrechung Krieg: Seine militärischen Operationen richteten sich gegen die japanischen Besatzungstruppen und später gegen die Franzosen, die versuchten, das Land wieder zu besetzen. In den 1960er Jahren war er die treibende Kraft für die Wiedervereinigung von Nord- und Südvietnam, er kämpfte mit seiner Guerilla unerbittlich gegen Südvietnam und die USA. Berühmt wurde der nach ihm benannte Ho-Chi-Minh-Pfad, auf dem während des Vietnamkrieges Waren heimlich zwischen Nord- und Südvietnam transportiert wurde.
Ho Chi Minh starb am 2. September 1969. Offiziell wurde sein Todestag aber um einen Tag verschoben, damit er nicht mit dem Staatsfeiertag zusammenfiel. Nach seinem Tod

ist vieles geschehen, das vermutlich nicht in seinem Sinne war. Die Leiche des immer bescheiden auftretenden, für seinen einfachen Lebensstil und seine Integrität bekannten und verehrten Mannes wurde einbalsamiert und analog zu Lenin in Moskau in einem pompösen Mausoleum in Hanoi beigesetzt. Sein Wunsch, man möge ihn verbrennen und seine Asche zwischen Nord- und Südvietnam verstreuen, wurde ihm nicht erfüllt. Und ob er damit einverstanden gewesen wäre, dass 1975 Saigon nach ihm in Ho-Chi-Minh-Stadt umbenannt wurde, ist auch fraglich.

THICH NAT HANH

Internationale Bekanntheit hat der vietnamesische Schriftsteller, Lyriker und Zenmeister, der buddhistische Mönch Thich Nat Hanh erlangt. Ähnlich wie der Dalai Lama lebt er außerhalb seines Heimatlandes und gilt als einer der profiliertesten zeitgenösssichen Meister der buddhistischen Lehre. Vortragsreisen haben den Autor zahlreicher Bücher rund um die Welt geführt.

Geboren 1926 im südlichen Vietnam, trat Thich Nat Hanh im Alter von 16 Jahren als Mönch in den Tu-Hieu-Tempel in Hue ein. Er beschäftigte sich mit den alten und neuen Schriften der buddhistischen Lehre, den Texten der Mahayana Tradition und jenen des Theravada, zusätzlich studierte er auch die westlichen Philosophen und Religionstheoretiker. Um sein Wissen verbreiten und weitergeben zu können, gründete er im Jahr 1957 im Dai-Lao-Wald das Phuang-Boi-Kloster. 1961 führte ihn ein Forschungsstipendium für vergleichende Religionswissenschaften an die Universität Princeton in New Jersey.

Thich Nhat Hanh war nie nur ein Mann, der sich hinter Klostermauern mit hochgeistigen Dingen beschäftigt und die Realität rundum nicht wahrnimmt. Zu Beginn des Vietnamkrieges begründete er die *Vereinigten Kirchen von Vietnam*, unter deren Schirmherrschaft 1965 die *Schule der Jugend für Soziale Dienste* entstand. In dieser Organisation machten es sich Mönche und Laienpraktizierende zur Aufgabe, dort anzupacken, wo die Not am größten war. Sie halfen am Land und in den zerstörten Dörfern beim Wiederaufbau und bei der Errichtung von Schulen und Krankenhäusern. Dass viele der Mitglieder dieser Organisation bei ihren Aktionen immer wieder zwischen die Fronten gerieten und viele dabei sogar ums Leben kamen, war nicht zu verhindern.

Mit dem Ziel, die buddhistische Lehre für konkrete Sozial- und Friedensprojekte einzusetzen, gründete Thich Nat Hanh 1966 den Tiep-Hien-Orden. Als er sich ein Jahr später in den Vereinigten Staaten aufhielt, schlug ihn Martin Luther King sogar für den Nobelpreis vor. Als Mitglied der buddhistischen Delegation nahm Thich Nhat Hanh an den Friedensverhandlungen nach dem Vietnamkrieg in Paris teil. Die kom-

Literaturinteressierte junge Vietnamesen

munistische Regierung aber dankte ihm sein Engagement nicht. Sie verbot ihm die Einreise in sein Heimatland.
Thich Nhat Hanh entschloss sich dazu, in Frankreich zu bleiben. Nach einigen Jahren in Paris gründete er 1971 in Fontvannes südöstlich der französischen Hauptstadt die Landkommune Les Patates Douces, *Die Süßkartoffeln*. 1982 schließlich eröffnete er in der Nähe von Bordeaux das Praxiszentrum *Plum Village*, das jedes Jahr Tausende von Menschen aus der ganzen Welt besuchen. Thich Nhat Hanh bringt ihnen die buddhistische Lehre nicht nur als Imitation asiatischer Riten näher, sondern als spirituelle Praxis, die sich auch für den westlich orientierten Menschen eignet.
Auch in seiner neuen Heimat Frankreich hat Thich Nhat Hanh seine alte Heimat Vietnam nie vergessen. Er entwickelte aus der Ferne Projekte zur medizinischen Versorgung und unterstützte die Boat People. Daneben verfasste er eine Reihe von Büchern, die seinem westlichen Publikum Praxisformen der buddhistischen Lehre wie zum Beispiel unterschiedliche Meditationsformen näher bringen. Im Januar 2005 konnte er seine Heimat zum ersten Mal nach 39 Jahren wieder besuchen. Bei diesem

Aufenthalt hatte er sogar Gelegenheit, in Vietnam Vorträge zu halten. Auch das ein Zeichen für die Öffnung des Landes in alle möglichen Richtungen.

NGUYEN DU

Eine bereits seit historischer Zeit innig verehrte Persönlichkeit Vietnams ist der Schriftsteller Nguyen Du (1765–1820). Er schuf vor 200 Jahren, in einer von gesellschaftlichen Zerfallserscheinungen und sittlicher Dekadenz geprägten Zeit, den 3254 Verse umfassenden Versroman *Truyen Kieu* (Das Mädchen Kieu). Er gilt als das Nationalepos des Landes.

Geboren wurde Nguyen Du als Sohn einer angesehenen aristokratischen Beamten- und Gelehrtenfamilie in der Provinz Ha Tinh, im Dorf Nghi Xuan. Sein Vater war Premierminister am Hof des Le-Königs. In seiner Kindheit erlebte er politische Turbulenzen, im Land tobte der Bürgerkrieg und schließlich wurden die Le-Könige gestürzt. Als Gia Long zum König wurde und sich die Lage beruhigte, wurde Nguyen Du zum Vorstand mehrerer Provinzen ernannt.

1806 wurde er als hoher Beamter an den Hof nach Hue berufen. König Gia Long sandte den gewandten und hochgebildeten Mann später für fünf Jahre als Diplomat nach China, um die Beziehungen zu dem mächtigen und immer gefürchteten Nachbarn zu sichern. In seine Heimat zurückgekehrt, widmete sich der hochangesehene Nguyen Du danach hauptsächlich seinen literarischen Studien.

Was das Nationalepos auch heute noch so aktuell erscheinen lässt wie zu seiner Entstehungszeit, ist, dass Nguyen Du sowohl mit der Handlung, als auch mit den Charakteren den Lebensnerv Vietnams getroffen hat. Laster und Tugend, Hässlichkeit und Schönheit, Talent und Schicksal, noble Gesten und Intrigen, das alles ergibt in der Tragikkomödie eine Mischung, mit der sich die Vietnamesen auch heute noch identifizieren. In dem Mädchen Kieu, einer Prostituierten, thematisiert er die Versklavung der Frau, ihre erniedrigende Rolle und die äußerst schwierige Lebenssituation der einfachen Bauern. Alles zusammen ein Stoff, in dem das ganze Volk ein Spiegelbild seiner Seele erkennt. Davon abgesehen gilt *Truyen Kieu* als das vollendetste Werk der Nom-Literatur.

DUONG THU HUONG

»Mein Schreiben ist ein Kampf dafür, andere von der Notwendigkeit der Demokratie und dem Einhalten der Menschenrechte zu überzeugen«, erklärte die 1991 mit dem

Prix Femina und mit dem UNESCO Literaturpreis ausgezeichnete Schriftstellerin Duong Thu Huong. Tatsächlich hat sie ihr ganzes Leben unter diese Maxime gestellt. Sie zählt zu den wenigen vietnamesischen Schriftstellerinnen, deren Werke übersetzt wurden und daher auch einem westlichen Leserpublikum zugänglich sind.

Zur Welt kam Duong Thu Huong 1947 in der Provinz Thai Binh in Nordvietnam. Schon von früher Jugend an engagierte sie sich für den Krieg gegen die USA. Während des Vietnamkrieges war sie jahrelang als Sängerin und Mitglied einer Künstlergruppe an den Fronten unterwegs, um die Soldaten durch Unterhaltungsprogramme moralisch aufzubauen. Dabei hielt sie sich vorwiegend an der am meisten bombardierten und daher am stärksten in Mitleidenschaft gezogenen Grenze zu Südvietnam auf. Nach Kriegsende jobte sie in den Filmstudios von Hanoi. Vier Jahre später, im Krieg gegen China, ging sie als erste weibliche Kriegskorrespondentin ins Kampfgebiet. Zurück in Hanoi, veröffentlichte sie mehrere Erzählungen, die am stärksten berührende ist die 1981 erschienene und 1992 unter dem Titel *Liebesgeschichte, vor der Morgendämmerung erzählt* auf Deutsch publizierte Geschichte einer unglücklichen Liebe zwischen einer Sängerin und einem Soldaten, dessen zuvor erfolgte Scheidung von der alles bestimmenden Partei wieder rückgängig gemacht wird.

Duong Thu Huong nahm nie ein Blatt vor den Mund. Nie hielt sie sich bei ihren zahlreichen öffentlichen Auftritten auf Parteiveranstaltungen mit ihrer Kritik zurück. Was sie anprangerte, war Bürokratie, Korruption und »intellektuelle Feigheit«. Die Behörden reagierten prompt. 1982 wurde ihr mit einem Publikationsverbot ein Maulkorb verpasst. Seither fühlt sich die Schriftstellerin nach eigenen Worten *in einem dritten Krieg gegen die Autoritäten und gegen ein diktatorisches Regime.*

Während einer kurzen Aufhebung des Publikationsverbotes erschienen ein Kinderbuch und der Roman, der 2003 in Europa unter dem englischen Titel *Beyond Illusions* herauskam. Das Buch wurde rasch zum Bestseller, die Behörden aber stiegen auf die Barrikaden. Und als sie dann in ihrem dritten Roman *Bitterer Reis* auch noch drastisch die Schrecken der Landreform von 1953 schilderte, wurde das Publikationsverbot erneut verhängt. Ihre Bücher wurden eingezogen.

Zum Schweigen ließ sich Duong Thu Huong dadurch noch lange nicht bringen. 1990 schickte sie ihr Manuskript des Buches *Roman ohne Namen*, das die Desillusionierung des Soldaten Quan sowie die desolate Situation des Landes und der Partei thematisiert, nach Frankreich und in die USA. Das brachte das Fass zum Überlaufen. Die Schriftstellerin wurde aus der Partei ausgeschlossen, ihr Dokumentarfilm über die Behandlung psychisch kranker Kriegsveteranen in einem Lager wurde vernichtet. Damit nicht genug. 1991 wurde sie verhaftet und musste sieben Monate im Gefängnis verbringen. Heute – 2008 – lebt sie in Hanoi zwar auf freiem Fuß, das Land darf sie aber nicht verlassen.

Steckbrief Vietnam

Fläche:	331114 km2
Einwohner:	85 000 000 (Schätzung Ende 2007)
Bevölkerungsdichte:	258/km2
Bevölkerungswachstum:	1,2 Prozent pro Jahr
Lebenserwartung:	70 Jahre
Verwaltungsgliederung:	8 Regionen mit 69 Provinzen
Hauptstadt:	Hanoi (3,5 Mio. Einwohner)
Größte Stadt:	Ho-Chi-Minh-Stadt – Saigon (6 Mio.)
Bruttosozialprodukt:	730 US-$ (Schätzung 2007)
Höchste Erhebung:	Fan Si Pan (3143 m ü.d.M.)
Größte Flüsse:	Song Hong (Roter Fluss), Cuu Long (Mekong)
Länge der Küste:	3444 km
Sprache:	Vietnamesisch, Französisch, im Süden Englisch
Importgüter:	Erdöl, Düngemittel, Maschinen, industrielle Fertigprodukte
Exportgüter:	Fische, Krebs- und Weichtiere, Kautschuk, Kaffee, Tee, Holz, Bergbauprodukte, Textilien, Schuhe, Teppiche

Zeittafel

Büste eines hohen Beamten in einem Kaisergrab von Hue

2879–258 v. Chr.	Herrschaft der Hong-Bang-Dynastie
257–208	Im Delta des Roten Flusses formiert sich als erster Staatenverband das Reich Au Lac, es wird von der Thuc-Dynastie regiert
208–111	Das Reich Nam Viet entsteht unter der Trieu-Dynastie
111	Eroberung Nam Viets durch die chinesische Han- Dynastie. Beginn der 1000-jährigen Zugehörigkeit zu China als Provinz Giao Chi. Im Delta des Roten Flusses leben die Viet, südlich davon die indisierten Cham und im Mekong-Delta die Khmer
40–43 n. Chr.	Aufstand der Trung-Schwestern gegen die chinesische Herrschaft
939	Unabhängigkeit von China
1010	Thang Long (heute Hanoi) wird Hauptstadt. Die Kultur erlebt eine Hochblüte
13. Jh.	Abwehr dreier Mongoleneinfälle
1413–1427	Besetzung durch die chinesische Ming-Dynastie
1428	Le Loi vertreibt die chinesischen Eroberer und gründet die Le-Dynastie, die bis 1788 herrscht. Das Land erlebt sein Goldenes Zeitalter
1540	Beginn des Handels mit Portugal. Europäer errichten Handelsstützpunkte
1620–1802	Faktische Teilung des Landes zwischen den Fürsten-Häusern der Trinh (Nordvietnam) und Nguyen (Südvietnam)

1858	Französische Truppen beginnen damit, Vietnam zu besetzen
1885	Ganz Vietnam ist eine Kolonie Frankreichs
Beginn des 20. Jh.s	Gegen die Kolonialherrschaft formieren sich Aufstands- und Reformbewegungen
1925	Ho Chi Minh gründet die Liga der Revolutionären Jugend Vietnams
1930	Gründung der Kommunistischen Partei Vietnams
1940	Japan besetzt das Land. Bis 1945 französisch-japanische Doppelherrschaft
1941	Gründung der Liga für die Unabhängigkeit Vietnams (Viet Minh)
1945	Die Japaner entmachten im März die Franzosen. Als unter Führung der Viet Minh die Augustrevolution ausbricht, kapitulieren sie. Am 2. September Proklamation der Demokratischen Republik Vietnam durch Präsident Ho Chi Minh
1946	Französisch-Vietnamesisches Abkommen in Hanoi. Frankreich erkennt die Unabhängigkeit Vietnams an, bringt aber weitere Truppen ins Land
Dez. 1946	Beginn des Ersten Indochina-Krieges
1954	Die Vietnamesen siegen in der Schlacht um Dien Bien Phu. Der Krieg ist beendet. Unterzeichnung des Genfer Indochina-Abkommens. Vietnam wird am 17. Breitengrad in zwei Teile geteilt
1955	Ngo Dinh Diem wird zum Präsidenten der Republik Vietnam. Die USA unterstützen ihn. Er verhindert allgemeine Wahlen
1960	Der III. Parteitag der Partei der Werktätigen Vietnams (KP) beschließt die Befreiung des Südens und die Wiedervereinigung des Landes
1960	Gründung der südvietnamesischen Befreiungsfront (FNL – Vietcong)
1963	Sturz und Ermordung von Ngo Dinh Diem
1964	Zwischenfall im Golf von Tonkin. Nordvietnamesische Kanonenboote beschießen angeblich US-amerikanische Schiffe, der Vietnamkrieg beginnt
Febr. 1968	Im Rahmen der Tet-Offensive greifen die Streitkräfte der FNL 60 Städte an
1969	Gründung der Republik Südvietnam (RSV)
Sept. 1969	Ho Chi Minh stirbt im Alter von 79 Jahren. Geheimverhandlung über den Rückzug der USA laufen, diese verstärken jedoch die Bombardements
1973	Unterzeichnung des Pariser Abkommens über die Beendigung des Krieges. Die USA ziehen sich zurück. Die FNL-Truppen machen sich an die Befreiung ganz Vietnams
April 1975	Bedingungslose Kapitulation der Republik (Süd-)Vietnam. Nord- und Südvietnam werden vereint. Der Zweite Indochina-Krieg ist zu Ende
1976	Die neu gewählte Nationalversammlung beschließt die Gründung der einheitlichen Sozialistischen Republik Vietnam (SRV)
1977/1978	Verschlechterung der Beziehungen zu China und zu Kambodscha, das unter der monströsen Blutherrschaft der Roten Khmer leidet
Dez. 1978	Einmarsch vietnamesischer Truppen in Kambodscha. Das Massenmörderregime von Pol Pot wird gestürzt
1979	In einem »Straffeldzug« marschieren chinesische Truppen in Nordvietnam ein. Erneut setzt eine Massenflucht ein
1979/80	Vietnam erleidet eine tiefe Krise. Die Planwirtschaft ist ein Misserfolg. Das Land ist in der Welt isoliert, die Bevölkerung hungert. Wieder flüchten Hunderttausende ins Ausland
1986	Der VI. Parteitag der KPV beschließt eine Politik der Erneuerung
1989	Abzug der vietnamesischen Truppen aus Kambodscha
1992	Annahme einer neuen Verfassung, die den Übergang zur Marktwirtschaft bestätigt
1994	Aufhebung des Wirtschaftsembargos der USA
Ab Mitte der 1990er Jahre	Beachtlicher ökonomischer Aufschwung

DIE SCHÖNSTEN SEITEN DER WELT

diverse Autoren
BURMA – REICH DER GOLDENEN PAGODEN
208 Seiten mit 261 Farbfotos, davon 61 doppelseitige Farbtafeln, farbige Karte
Spektrumformat
ISBN 978-3-7243-0390-9

Clemens Emmler / Christine B. Philipp
KAPSTADT und KAPLAND
160 Seiten mit 189 Farbfotos, Stadtplan und Regionskarte
ISBN 978-3-7243-0411-1

Petra Woebke
DIE TRANSSIBIRISCHE EISENBAHN MOSKAU – WLADIWOSTOK
208 Seiten mit 236 Farbfotos, 59 doppelseitige Farbtafeln, farbige Karte
Spektrumformat
ISBN 978-3-7243-0383-1

Oliver Bolch / Urs Morf
THAILAND
208 Seiten mit 250 Farbfotos, davon 62 doppelseitige Farbtafeln, farbige Karte
Spektrumformat
ISBN 978-3-7243-0395-4

Klaus Beer / Manfred Köhler
NEW YORK CITY
180 Seiten mit 204 Farbfotos, davon 48 doppelseitige Farbtafeln, farbiger Stadtplan
ISBN 978-3-7243-0399-2

Björn Göttlicher / E.+J. Hahm
BARCELONA
160 Seiten mit 194 Farbfotos, farbiger Stadtplan
ISBN 978-3-7243-0402-9

Clemens Emmler / Christine B. Philipp
SÜDAFRIKA
208 Seiten mit 200 Farbfotos, farbige Karte
Spektrumformat
ISBN 978-3-7243-0405-0

Björn Göttlicher / Andreas Drouve
BRASILIEN
208 Seiten mit 225 Farbfotos, davon 61 doppelseitige Farbtafeln, farbige Karte
Spektrumformat
ISBN 978-3-7243-0385-5

Wolfram Müller / Katrin Pieringer / Kurt Stüwe
TIBET
208 Seiten mit 225 Farbfotos, 57 doppelseitige Farbtafeln, farbige Karte, **Spektrumformat**
ISBN 978-3-8243-0382-4

Erhard Pansegrau / Angelika Viets
SHANGHAI
180 Seiten mit 148 Farbfotos, farbiger Stadtplan
ISBN 978-3-7243-0368-8

Burkhardt / Zweifel / Larrass
KANADA
208 Seiten mit 210 Farbfotos, farbige Karte
Spektrumformat
ISBN 978-3-7243-0403-6

Christian Heeb / Andreas Drouve
MEXIKO
208 Seiten mit 232 Farbfotos, davon 65 doppelseitige Farbtafeln, farbige Karte, **Spektrumformat**
ISBN 978-3-7243-0392-3

Verlangen Sie ausdrücklich terra magica!
In jeder Buchhandlung. www.terramagica.de

THAILAND
Bangkok
KAMBODSCHA
Tonle Sap
Mekong
Tonle Kong
Tonle Srepok
Xan
Crong A Na
Ba
Dong Noi
Tri-An See
Hau Giang
Phnom Penh
Binh Son
Quang Ngai
2598 m
Duc Pho
Kon Tum
Phu My
Play Ku
An Khe
Bin Dinh
Qui Nhon
Song Cau
Cheo Reo
Ea Hleo
Tuy Hoa
Buon Me Thout
Ninh Hoa
2442 m
Nha Trang
Kien Duc
Da Lat
Cam Ranh
Cat Tien National Park
Dong Phu
Cham-Türme Po Klong Garai
Phan Rang
Bao Loc
Di Linh
Tempel Cao Dai
Chon Thanh
Tay Ninh
1545 m
Tyuy Phong
Thu Dau Mot
Bien Hoa
Phan Thiet
Cu Chi
Chau Doc
Hon Quan
Ho-Chi-Minh-Stadt (Saigon)
Tempel der Chua Xu
710 m
Cao Lanh
Tan An
Tempel Niet Ban Tinh Xa
Vung Tau
Long Xuyen
Sa Dec
My Tho
Ben Tre
Oc Eo
Can Tho
Vinh Long
Tra Vinh
Bucht von Rach Gia
Rach Gia
Phuo Quoc
Soc Trang
Bac Lieu
Ca Mau
Kap Ca Mau
Mekong - Delta
Con Dao
Con Dao National Park
Golf von Thailand
Südchinesisches Meer
0 100 200 300 km
© KARTOGRAPHIE Peh & Schefcik, Eppelheim

MYANMAR (BURMA)
LAOS
VIETNAM
CHINA
Golf von Tongking
Hainan
Mekong
Nanning
Yulin
Zhanjiang
Haikou
Ha Giang
Cao Bang
1931 m
Lao Cai
Sa Pa
Fan Si Pan 3143 m
Huang - Lien - Gebirge
Song Hong (Roter Fluss)
Lai Chau
Tuyen Quang
Lang Son
Phu Luong 2984 m
Tuan Giao
Yen Bai
Thai Nguyen
Sam-Sao-Gebirge
Son La
Song Da (Schwarzer Fluss)
Viet Tri
Co-Loa-Zitadelle
Bac Giang
Bac Ninh
Tien Yen
Son Tay
Hanoi
Hai Duong
Hong Gai
Cam Pha
Hoa Binh
Hai Phong
Ha-Long-Bucht
Cat Ba National Park
Chua Huong (Perfume Pagoda)
Hung Yen
Nam Dinh
Thai Binh
Cuc-Phuong National Park
Trockene Ha-Long-Bucht
Ninh Binh
Tam Coc
Bien Son
Thanh Hoa
Sam Son
Phou Huatt 2452 m
Phou Xai Lai Leng 2710 m
Song Ka
Dien Chau
Do Luong
Vinh
Annamitische Kordiller
Ha Tinh
Vientiane
Ky Anh
Phong Nha - Ke Bang National Park
Dong Hoi
Tunnel Von Vinh Moc
Dong Ha
Quang Tri
Hue
Königsgräber
Wolkenpass (Hai Van)
2066 m
Da Nang

Fotos Ralph Reinholz
Seiten 1–5, 9, 12, 13, 16–20, 28 u.r., 32 r., 48–57, 72–76, 77 r., 78–81, 88–97, 102, 103, 109, 112–116, 120, 122, 123, 127–142, 146–148, 152, 154, 155, 159–163, 165, 168, Nachsatz

Fotos Erwin Friesenbichler
Vorsatz, Seite vor S. 1, 6–8, 10/11, 15, 23–25, 28 o. + u.l., 29, 30, 32 l., 35–41, 59–71, 77 l., 82–87, 98/99, 104–108, 110/111, 118/119, 121, 124–126, 143–145, 149, 150, 153, 156, 171, S. nach S. 176, Nachsatz

Text (ohne Bildlegenden): Hanne Egghardt

Layout: Grafikdesign Storch, München
Gestaltung Umschlag: Wolfgang Heinzel
Reproduktion: Typosatz W. Namisla GmbH, München

Printed in EU
ISBN 978-3-7243-0410-4

Bild Vorsatz
Räucherspiralen in einem Tempel

Bild vor Seite 1
Auf dem Fluss Thu Bon in Hoi An

Bild Seite 1
Palmen am Strand von Nha Trang

Bild Seiten 2/3
Hotel Rex und Rathaus in Saigon

Bild rechts
Drache im Khai-Dinh-Mausoleum, Hue

Bild Nachsatz
Verloren im Reisfeld